마이너리티 디자인

마이너리티 디자인

Weak is the new strong

사와다 도모히로 지음
김영현 옮김

Minority
Design

다다
서재

(오카모토 다로, 『내 속에 독을 품어라』 중에서)

인간은 누구나 신체장애인이다.
설령 우아한 척해도, 팔등신이라도,
그것을 보이지 않는 거울에 비추어 본다면,
각자 절망적인 모양으로 구부러져 있다.

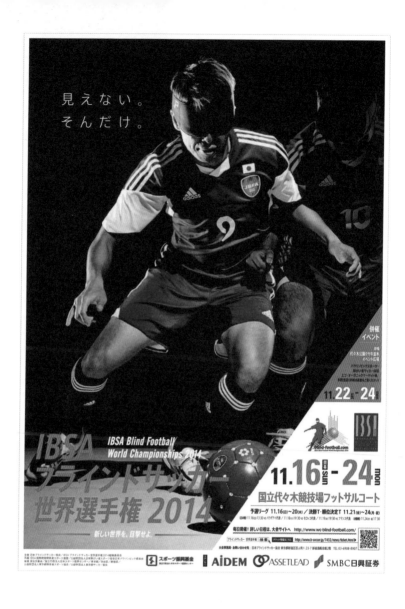

'보이지 않아. 그뿐.'
'시각장애인 축구 세계선수권대회 2014'의 포스터.

그렇지만 인간은,

절실한 인간일수록

자신의 일그러진 부분과

잔혹하게 대결하면서,

또는 어루만지고 돌보면서,

인생의 국면을 돌파하여

앞으로 나아간다.

사회복지 아이템이었던 의족을 패션 아이템으로 재해석한
'절단 비너스 쇼'(파시피코 요코하마).

인간은 다른 동물보다 긍지가 높을지 모른다.

하지만 그 긍지라는 것의 토대에는

기괴한 굴곡이 있다.

슬퍼하고, 후회하고, 부끄러워한다.

말없이 또는 소리 높이며.

게다가 그 역시 인생에 담긴 한 곡의 노래에 불과하다.

고령화 문제를 역으로 활용한 지방자치단체 홍보 프로젝트
'지팝 from 고치가 올스타스'.

자신의 은밀한

일그러짐을 견디면서,

그것을 돌파하여 살아가야 한다.

구제를 받기도 하고,

받지 못하기도 하면서.

가만히 응시해보면,

그것이 인간생활을

무한하게 채색했음이

드러나 보이리라.

운동을 못해도 성별, 연령, 건강, 장애와 상관없이 누구나 즐길 수 있다.
승리의 다양성을 추구하는 '유루스포츠'.

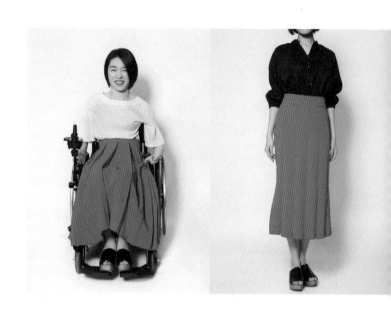

신체장애인 '한 사람'을 기점 삼아 새로운 옷을 만들기 위해
패션기업 유나이티드 애로우즈와 함께한 프로젝트 '041 FASHION'.

누워서 생활하는 사람이 시각장애인의 눈이 되고,
시각장애인이 누워서 생활하는 사람의 다리가 되는 신체 공유 로봇 'NIN_NIN'.

모든 '약점'은,
이 사회의 '가능성'

당신이 지닌 소수자성,

즉 '약점'이나 '못하는 일'이나 '장애'나 '콤플렉스'는

극복해야 하는 것이 아니다.

활용해야 하는 것이다.

누군가의 약점에는 누군가의 강점을 이끌어내는 힘이 있으니까.

이 메시지를 전하기 위해 저는

이 책을 썼습니다.

아들에게 장애가 있는 것을 알고, 나는 '강점'만으로 싸우기를 그만두었다

20대에는 필사적으로 내 '강점'을 갈고닦았습니다.

카피라이터로서, 광고 크리에이터로서.

그러나 좀처럼 싹이 트지 않았습니다. 힘들었습니다.

그런데 장애가 있는 아들과 친구들이 저를 구해주었습니다.

"약점도 나다운 거야."

지금 저는 갖고 있는 모든 것을 써서 일하고 있습니다.

카피를 쓸 줄 안다는 강점, 운동신경이 둔하다는 약점,

광고회사에서 일한다는 강점, 아이에게 장애가 있다는 약점.

모든 것을 그러모아서 '유루스포츠'를 꾸리고 있습니다.

약점을 버리고 강점만으로 승부에 임했다면,

지금도 광고 카피밖에 쓰지 못했을 것입니다.

"귀사만의 과제는
무엇이라 생각하십니까?"
소수자성이야말로
다양성

최근 들어 "해결할 과제가 부족하다."라는 말을 종종 듣습니다.

그런 말을 듣고 '과제가 있는 곳을 모르는 건 아닌가?'라고

생각할 때도 많습니다.

해결해야 할 과제는, 지금도 산더미처럼 쌓여 있습니다.

대중(중간층)에서 떨어져 나온 '마이너리티minority'

혹은 '소수자'라고 불리는 사람들 속에 말입니다.

전통적인 마케팅 활동의 바깥에는

다양성이 가득 차서 넘치고 있습니다.

더 이상
'타인'을 위해
'자신'을 뒤로 미루지
않아도 된다

우수한 사람을 옆에서 바라보다 한 생각이 있습니다.

'한정된 시간을 너무 많이 타인을 위해 쓴다.'라고,

저기서 더 지나치면 항상 자신은 뒤로 밀릴 수밖에 없다고.

일에서 얻은 능력을 모두가 자신의 인생과

더 직접적으로 연결한다면, 소중한 사람을 위해 활용한다면,

자기 내면의 약점을 위해 더 많은 시간을 쓴다면.

이 사회를 더욱 살기 좋은 장소로 바꿀 수 있습니다.

약점으로부터
즐거운 반격을
시작합시다

차례

마치 오늘 죽는 사람처럼
모든 것을 쥐어짠 '풋내기의 분투기'

시작하며

Weak
is the
new strong

'보람된 일을 하고 싶다'는 바람이
이뤄지지 않는 세상

'일'이라는 이름의 배턴을 넘겨받는다. 오직 앞만 바라보며 전력 질주를 한다. 주위 풍경을 즐길 여유라고는 없이 그저 달린다. 그리고 다음 주자에게 배턴을 넘겨준다. 숨을 헐떡거리며 멀어지는 주자를 바라본다. 문득 생각난다. '어? 지금 배턴을 받은 저 사람은 어디로 가는 거였지?' 그 여운을 지우듯이 다음 주자가 나에게 배턴을 주러 달려온다. 다시, 달리기 시작한다.

20대 시절, 저는 이렇게 일했습니다.

잠시 시간을 거슬러 19세기로 가볼까요.

이탈리아의 엔지니어 펠레그리노 투리Pellegrino Turri는 사랑하는 사람과 편지를 주고받고 싶었습니다. 하지만 그의 연인은 시력을 점점 잃고 있어서 종이에 글씨를 쓸 수 없었습니다. 그래서 투리는 어떤 기계를 발명했습니다. 소중한 사람을 위해서. 그리고 자신을 위해서.

그 발명품이란 바로 '타이프라이터'.

시간이 흘러 타이프라이터는 PC의 '키보드'로 진화했고 지금은 시각장애인뿐 아니라 우리 모두의 삶을 지탱해주고 있습니다. (이 책 역시 키보드로 글을 입력해서 만든 것입니다.)

이 이야기를 처음 알고 '보람 있었겠다…'라고 진심으로 감탄했습니다.

보람된 일을 하고 싶다.

대부분 사람들이 이렇게 바라지 않을까요. 하지만 세계적으로 보았을 때 일본인은 그다지 자신의 일에 만족하지 못하는 듯합니다.

전 세계 직업 만족도 조사에서는 35개국 중 최하위(인디드Indeed가 2016년에 조사). 세계 최대 비즈니스 SNS인 '링크드인LinkedIn'이 2014년 조사한 결과에서도 일본의 정규직은 26개국 중에 가장 '보람을 느끼지 않는다.'라고 답했다 합니다.

물론 저 역시 예외는 아니었습니다.

아버지가 멋진 광고를 만들어도
아들은 볼 수 없다

2004년에 대학을 졸업하고 광고회사에 입사하여 제가 바라던 카피라이터라는 직종에 종사하게 되었습니다. 시부야역의 커다란 간판에 제가 생각해낸 카피가 실리기도 했지요. 제가 기획한 광고가 텔레비전에 방송되어 많을 때는 8000만 명에게 도달하기도 했습니다. 보람차기 그지없는 날들이 이어졌습니다. 계속 그럴 줄 알았지요.

시간이 흘러 저희 부부에게 한 남자아이가 태어났습니다. 젖을 잘 먹고, 울기도 잘 울고, 웃기도 잘 웃었습니다. 아이가 태어나고 매일 수면 부족이었지만 이루 말할 수 없을 만큼 예쁘고 귀여웠습니다. 그런데 생후 3개월이 되었을 무렵, 아이의 눈이 보이지 않는다는 걸 알았습니다.

끝났다. 이렇게 생각했습니다.

앞을 못 보는 아이는 어떻게 키워야 할까. 나중에 연애는 할 수 있을까. 행복할 수 있을까.

그날부터 일이 손에 잡히지 않았습니다.

저의 주된 일은 영상과 컴퓨터 그래픽을 활용하여 광고를 만드는 것입니다. 그러나 제가 아무리 아름다운 광고를 만들어도 시각장애가 있는 아들은 볼 수 없습니다.

"아빠는 무슨 일을 해요?"라는 물음에 설명할 수 없는 일을 해도 괜찮을까? 내가 하고 있는 일에는 아무런 의미도 없는 것 아닐까?

뭘 하면 될까? 어떻게 일하면 될까?

당시 32세이던 저는 그때껏 저를 지탱해주던 모든 보람을 잃고 '껍데기'만 남아버렸습니다.

'사회적 약자'는
발명의 어머니였다

저는 직장 상사에게 아들의 시각장애를 알리고 담당하던 업무를 90퍼센트 정도 줄였습니다. 그리고 아들과 어떻게 소통하면 좋을지 알고 싶어서 장애 당사자들과 만나보기로 했습니다. 우리 부부를 위해서였지요.

집에 돌아가면 "오늘은 이렇게 멋진 시각장애 당사자를 만났는데…" 하며 매일 기쁜 소식을 전하듯이 아내에게 그날 만난 사람의 이야기를 들려주었습니다.

그렇게 하지 않으면 도저히 이겨낼 수 없었습니다. 그들과의 만남에 뭔가 사소한 것이라도 힌트가 있다면 다행이라고 생각했습니다.

200명이 넘는 사람들을 만나면서 우리에게 빛을 비춰주는 이야기들을 들었습니다. 한 손으로 불을 켤 수 있는 라이터와 구부러지는 빨대가 '장애가 있는 사람과 함께 발명되었다'는 이야기였지요.

모두 여러 설이 분분한 모양이지만, 라이터는 '성냥으로 불을 붙이려면 두 손이 필요하니까 한 손만 있는 사람도 쓸 수 있게 하자'는 아이디어로부터 지금과 같은 형태가 되었다고 합니다. 구부러지는 빨대는 '누워서 생활하는 사람이 손을 쓰지 않아도 스스로 음료를 마실 수 있도록' 만들어졌다고 하고요. 그렇게 만들어졌지만 지금은 장애인이든 아니든 모두 사용하는 것입니다.

즉, 이른바 '사회적 약자'는 '발명의 어머니'가 될 수 있다는 것을 깨달았습니다.

'광고를 이용한 방법'으로 소수자에게 빛을 비출 수 없을까

이 이야기를 듣고 저는 무척 맘이 편해졌습니다. '못하는 일이 있는 건 당사자 잘못이 아니야. 사회를 바꾸면 되는 거야.' 이런 생각이 들었기 때문입니다.

그와 동시에 깨달은 것이 있는데, '장애인은 기업의 마케팅 대상에서 제외되어 있다'는 사실이었습니다.

저는 10년 넘게 광고회사에서 일했지만, 장애가 있는 분의 의견을 들었던 적은 한 번도 없었습니다.

심신에 장애가 있는 사람은 일본 전역에 960만 명이 넘는다고 합니다.[*] 그럼에도 처음부터 아예 배제하다니 아깝다는 생각이 들었습니다.

라이터, 빨대, 그리고 타이프라이터의 사례처럼 누군가의 '못하는 일' 또는 '장애'가 '사회를 바꾸는 계기'가 될 가능성이 있으니까요.

저는 드디어 제 일의 활로를 찾아낸 것 같았습니다.

제가 광고 회사에서 한 일이란 극단적으로 말해 '가치를 찾아내는 것'이었습니다.

저는 장애 당사자를 비롯해 '마이너리티' 또는 '소수자'라고 불리는 사람들만의 독자성에 '광고'로 빛을 비출 수 있지 않을까 생각했습니다.

---

[*] 한국은 2019년 말 기준 등록된 장애인이 약 261만 명으로 인구 대비 5.1퍼센트다.

나와 동떨어졌던 세계에서
'약점'의 반전을 목격하다

무작정 탐색을 계속하다 보니 저는 어느새 아주 먼 세계까지 발을 들이고 있었습니다.

광고업계에서 벗어나 기대거나 붙잡을 곳이라고는 없는 '사회복지'의 세계로.

어느 날, '일본시각장애인축구협회日本ブラインドサッカー協会'의 마쓰자키 씨가 대중을 대상으로 여는 시각장애인 축구 체험 행사의 이름이 고민이라며 제게 상담을 해왔습니다.

'시각장애인 축구'란 눈가리개를 쓰고 하는 축구입니다.

착착 하는 소리를 내며 굴러가는 축구공을 귀에 의지해 쫓으며 드리블을 하고, 패스를 하고, 슛을 날립니다. 경기 중 관중들은 침묵을 지켜야 합니다. 선수들이 축구공 소리와 상대편의 기척을 잘 알 수 있게 말이지요.

예외는 골이 터졌을 때입니다. 축구공이 골대의 그물을 흔든 직후에는 마음껏 소리를 질러도 됩니다. "우와아아!" 침묵과 커다란 환성 사이의 간극에 언제나 소름이 돋습니다.

일반 대중 대상으로 시각장애인 축구의 체험 행사를 여는데, 좀더 이목을 끌어서 많은 사람을 모으고 싶다. 무언가 아이디어가 없을까? 이런 주제로 이야기를 나눴습니다.

직접 해보지 않으면 모르기에 겁나지만 시각장애인 축구 체험 행사에 참여해봤습니다. 그날 제 가치관은 '쾅!' 소리를 내며 180도 뒤집혀버렸습니다.

행사를 주도한 이는 시각장애가 있는 데라니시 하지메 선수. 참가자는 눈가리개를 쓰고 스트레칭과 축구공을 이용한 단체 연습을 했습니다.

암흑 속에 던져져서 단숨에 불안해졌다…고 생각했지만, 의외로 미리 예상했던 '시각을 빼앗기는 무서운 체험'은 아니었습니다. 오히려 '시각이 닫히는 안심'을 느껴보는 체험이었지요.

뭐라고 할까요. 세계가 '적당한 정보량'으로 조정되는 듯한 느낌이었습니다.

정보화 사회인 오늘날, 사람은 정보의 85퍼센트를 시각으로 얻는다는 연구 결과가 있습니다. 즉, 우리의 생활 속에 스마트폰, 컴퓨터, 태블릿PC 등 온갖 디바이스들이 'ON'으로 되어 있어 항상 눈으로 정보들이 날아드는 것입니다.

시각장애인 축구를 체험하며 시야를 'OFF'로 하자, 정보량이 억제되어 쾌적한 시간이 찾아왔습니다.

그렇게 생각하니 체험 행사를 주도한 데라니시 선수가 '시야를 차단해주는 전문가'로 보였습니다.

나중에 저는 마쓰자키 씨에게 'OFF T!ME(오프 타임)'이라는 이름을 제안했습니다.

뇌도 눈도 지친 현대인. 그런 현대인들에게 시각장애인 축구 체험은 '눈을 끄는 것OFF'의 가치를 제공합니다. 이렇게 말이죠.

그 뒤 'OFF T!ME'을 텔레비전과 신문에서도 다루었습니다. 지금은 기업과 단체가 조직 구성과 커뮤니케이션 연수를 위해 체험 행사를 찾으면서 일본시각장애인축구협회의 중요한 수익원으로까지 성장했지요.

이 일은 일개 크리에이터로서도 시각장애인 아들을 둔 부모로서도 전환점이 되었습니다. '눈이 보이지 않는다'는, 어떤 의미로는 '약점'이 관점을 달리하면 새로운 가치가 된다는 것을 직접 목격했기 때문입니다.

'약점을 살리는 사회'를 남길 방법, 마이너리티 디자인

시각장애인 축구처럼 항상 감추고 있는 '못하는 일'을 당당하게 내가 지닌 카드로 내밀 수 있는 사회가 되면 좋겠다. 저는 이렇게 생각하기 시작했습니다.

아들에 대해 이야기를 하면 종종 "연구도 진행되고 있으니까, 볼 수 있게 될지도 몰라." 같은 말을 듣습니다.

격려하려는 말이라는 건 압니다.

그렇지만 보이지 않는 것은 불편하긴 해도 절대적으로 나쁜 것은 아닙니다. '못하는 것을 극복하지 않고, 외려 활용할 수 있다.' 저는 이런 사실을 배웠습니다. 그리고 카피라이터라는 제 직업으로 그 활용을 도울 수 있을지 모른다는 것도요.

광고회사에서 하는 일에는 '강한 것을 더욱 강하게 만드는 일'이 많습니다. 하지만 만약 '약점'에 더 주목한다면, '약점을 강점으로 바꾸는 일'을 할 수 있다면.

눈이 보이지 않는 아들은 이른바 소수자입니다.

소수자이기 때문에 우리 사회의 이런저런 곳에 숨어 있는 불완전한 면을 깨달을 수도 있습니다. '여기 위험해요!' '이렇게 바꾸는 게 좋아요!'라고요. 그렇게 소수자가 구멍을 메우면 세계는 다수자들에게도 더욱 살기 좋게 바뀔지 모릅니다.

바로 그래서 '약점'이라는 역풍 그 자체를 순풍으로 바꾸고 싶습니다. 그 결과 언젠가는 '약점을 살리는 사회'를 아들에게 남겨주고 싶습니다.

'마이너리티 디자인Minority Design'.

소수자를 기점으로 삼아 세계를 더욱 좋은 곳으로 바꾸자. 조금은 허풍스러운 이 말이 제 인생의 콘셉트가 되었습니다.

사람은 모두
무언가의 약자·소수자다

그 뒤로 수많은 프로젝트를 시작했습니다.

장애인 보조기기로 분류되는 의족을 패션 아이템으로 재해석한 '절단 비너스 쇼'. "횡단보도를 용기와 배짱과 감으로 건넌다."라는 시각장애인의 말을 듣고 개발한 신체 공유 로봇 'NIN_NIN닌닌'. 한 신체장애인의 고민에서 출발하여 새로운 옷을 만들어낸 '041all for one'…. 장애뿐이 아닙니다. 고령화 문제를 역으로 활용한 아이돌 그룹 '지팝'의 프로듀스 등 많은 동료 및 기업들과 함께 다양한 프로젝트를 진행했습니다.

맥락 없어 보일지 모르지만, 모두 '소수인 무언가·사람·고민'을 기점으로 시작된 프로젝트입니다.

여러 프로젝트를 진행하면서 저는 차츰 '나 역시 소수자다.'라는 당연한 사실도 깨달았습니다.

애초에 '소수자' 또는 '마이너리티'라는 말을 들으면 어떤 이미지가 떠오르나요.

신체장애인, LGBTQ, 난민…. 정의 자체가 다의적이고 사람마다 받아들이는 방식이 다를 텐데, 저는 여러 프로젝트를 진행하면서 소수자란 '아직 사회의 주류에 올라타지 않은, 이어질 미래의 주역'이라는 걸 깨달았습니다.

다시 말해 소수자란 '사회적 약자'라는 좁은 해석에 갇히지 않는 '이 사회의 가능성'인 것입니다. 사람은 모두 무언가의 약자이며, 소수자입니다.

저도, 그리고 물론 당신도.

다수파와 소수파는 인공적인 선으로 딱 잘라 구분할 수 없습니다. 오히려 모든 사람들 속에 양자가 공존하고 있습니다.

'극히 개인적'인 과제에
사회 전체를 끌어들이다

저는 '극도의 운동치'라는 소수자입니다.

초등학생 때부터 체육 시간이 가장 싫었습니다. 발이 느려 구기 종목을 할 때는 '사와다가 넣으면 점수 두 배'라는 핸디캡을 얻을 정도였지요.

발 빠른 친구를 향해 여자아이들이 환호하는 걸 보면서 저는 살아남기 위해 스스로 '학급 신문'을 제작하기 시작했습니다. 누구도 부탁하지 않았건만 교실에서 일어난 일을 기사화하거나 연재 코너까지 만들어서 게시판에 붙여두었지요.

그렇지만 아무도 주목하지 않았습니다. 종례 시간에는 어느 여자아이에게 "사와다가 하는 일은 쓸모없다고 생각해요!"라는 신랄한 선고까지 받았지요.

이야기가 딴 길로 샜군요.

운동치라는 사실은 저의 치부라서 뚜껑을 덮고 끈으로 꽁꽁 싸맨 다음 보이지 않는 구석에 치워두었습니다. 그런 치부를 왜 다시 떠올렸느냐. 제가 만난 장애 당사자들에게서 영향을 받았기 때문입니다.

걷지 못해, 보지 못해, 듣지 못해, 집중하지 못해. 이런 장애는 어떤 면에서는 '약점'입니다. 하지만 저와 함께 프로젝트에 뛰어든 동료들은 자신의 약점을 있는 그대로 드러냈습니다. 바로 그 덕분에 저는 '광고를 만드는 내 기술을 살려서 뭔가 힘이 되고 싶어.'라고 생각했습니다.

그런데 정작 저는 '운동 빵점'이라는 약점을 봉인하고 있었습니다. 직감했습니다. '이러면 손해다.'라고요.

그리고 동시에 이런 생각을 했습니다. '운동치'라는 말은 좋지 않다고요.

"저는 운동치예요."라고 용기를 짜서 공표한들 "그렇구나. 그럼 대신 공부 열심히 해." 하는 답만 돌아올 뿐 아무것도 개선되지 않습니다.

그 순간 뇌리에 한 가지 생각이 번뜩였습니다. '운동치'라는 단어를 바꿀 수 없을까?

그래서 생각해낸 단어가 '운동 약자sports minority'입니다.

그러자 이게 웬일일까요. 놀림의 대상이던 '운동치'가 무언가 외적 요인으로 어쩔 수 없이 '운동을 할 수 없는 상황에 놓인 사람'으로 바뀌었습니다.

제 아들 역시 운동 약자입니다. 눈이 보이지 않으면 아무래도 할 수 있는 운동이 제한되니까요.

"나는 운동 약자다."

소리 내어 말해보니 세계가 변하리라는 예감이 들었습니다.

운동을 못해도 눈이 보이지 않아도 즐길 수 있는 완전히 새로운 운동. 기존의 경기처럼 승리지상주의가 아닌 누구나 즐기는 것을 목표하는 운동. 그런 스포츠가 있다면 얼마나 좋을까.

2015년, 저 같은 약자를 구제하기 위해 '세계유루스포츠협회世界ゆるスポーツ協会'*를 설립했습니다.

핸드소프볼, 애벌레 럭비, 아기 농구….

'운동 약자를 이 세상에서 없애겠다.'라는 목표 아래 만들어진 '유루스포츠'는 간단히 말해 '이기면 기쁘고, 져도 즐거운' '운동치라도 국가대표에게 이길 수 있는' '장애인과 비장애인 사이의 차이를 없앤' 새로운 운동 경기입니다. 2021년까지 100종목 가까이 고안했고, 10만 명 넘게 체험했습니다.

---

* 일본어로 '느슨하다'라는 뜻인 '유루이(ゆるい)'와 '스포츠'를 결합해서 '유루스포츠(ゆるスポーツ)'라고 이름을 지었다. 저자는 '유루스포츠'를 해외에도 전파하고 있기에 저자와 논의 끝에 '유루스포츠'라는 명칭을 한국어로 옮기지 않고 그대로 사용했다.

그리고 기무라 타쿠야 씨를 비롯해 유명 연예인들이 예능 프로그램에서 유루스포츠에 도전하는 등 새로운 오락거리가 되었습니다.

그뿐 아닙니다. 도쿄 올림픽과 패럴림픽 후원사인 NEC 같은 기업이나 도야마현 히미시 같은 지자체와 협업하여 기존에 만들던 광고 대신 '독자적인 유루스포츠 경기를 만든다.'라는 새로운 사업까지 생겨났습니다.

유루스포츠를 시작한 2015년의 일본 정부 조사에 따르면 성인 중 주 1회 이상 운동을 하는 사람은 40.4퍼센트였습니다. 즉, 나머지 약 60퍼센트는 운동을 1년에 몇 번 하든지, 아니면 거의 안 한다는 뜻이었습니다.

통계 수치를 보니 1억 인구의 절반이 넘는 수천만 명 규모의 '운동하지 않는 사람들'이라는 시장, 그동안 놓치고 있었던 '구멍'이 떠올랐습니다. 이런 현실에 운동 약자의 시점을 적용하면 새로운 기회가 생겨나지 않을까.

'절단 비너스 쇼' 'NIN_NIN' '041' '지팝' '유루스포츠'. 모두 극히 개인적인 과제에서 시작한 작은 프로젝트였습니다. 그랬던 것이 어느새 사회 전체를 대대적으로 끌어들인 새로운 흐름이 되었지요.

소수자를 기점으로, 일하기.

거기에 숨은 터무니없는 힘 덕에 저는 다시 살아났습니다.

우리는 창조의 정반대인
'납품 사고'에 빠져 있었다

사회에 뛰어들었던 스물두 살 때는 '창조적인 힘으로 이 사회를 더욱 살기 좋게 바꿀 거야!'라는 커다란 야망을 품고 있었습니다.

그렇지만 많은 비즈니스가 그렇듯이 어느새 반복적인 일이 점점 늘어났고, 당면한 일을 아무런 의문 없이 단순 작업처럼 처리하는 나날이 이어졌습니다.

그런 리듬대로 흘러가다 보니 어느덧 저에게 일의 목표는 '일단 납품하는 것'이 되었습니다. '늦지 않았어!' '마감까지 정리했어!' 하고 성취감을 느꼈던 것도 사실입니다. 마감 준수가 원래 목표는 아니었을 텐데 말이지요.

입사하고 6년이 지났을 때의 일입니다.

도쿄 긴자에 있는 광고 제작사의 7층에서 발표용 자료를 찾고 있던 밤 9시경. 불현듯 '이 일을 왜 하는 거더라…' 하는 생각이 들어 자료를 뒤지던 손을 멈췄습니다. 그리고 '나는 지금 일에 만족하고 있을까?'라는 의문이 불쑥 솟아났지요.

어제 화제였던 광고가 오늘은 깨끗이 잊히고 다른 화제로 관심이 옮겨가는 시대입니다. 광속 소비에 휘말리면서, 아니, 그런 소비를 만들어내기 위해 우리는 숨 쉴 틈 없이 일합니다.

끝없는 고통의 정체. 광고업계뿐 아니라 우리 사회에서 일하는 모두가 걸려 있는 '납품 사고'라는 병.

노동 환경의 문제도, 전혀 개선되지 않는 경제도… '납품만 하면 끝'이라는 사고방식의 연쇄가 모든 문제의 원인일지도 모릅니다.

자본주의의 페이스메이커가 되어 재능을 전부 바쳐도 괜찮을까

세간에서는 아무튼 강해지기 위한 이론이 맹위를 떨치고 있습니다.

'크다'든지 '빠르다'든지 '많다'든지.

제가 20대에 광고를 만들다 지쳐버렸던 이유도 '강함'만을 추구하는 것에 의구심을 품었기 때문입니다.

어린 시절부터 저는 수많은 창작자들에게 구원을 받아왔습니다.

해외에서 학교에 적응하지 못해 힘들 때, 제가 동경하던 반짝반짝 빛나는 존재들이 곁에 있어주었습니다. 엑스 저팬의 히데, 커트 보니것, 커트 코베인, 에도가와 란포, 마이클 잭슨, 스눕 독.

그랬지만 막상 사회에 뛰어들고 보니 여러 업계에서 '크리에이터'라 불리는 직종의 사람들이 지쳐 있다는 것을 깨달았습니다.

그 원인은 그들이 지닌 재능을 경제가 모두 먹어치우고 있기 때문입니다.

결국 우리는 자본주의(=강자)의 페이스메이커로서 일종의 톱니바퀴가 되어 움직일 뿐이었습니다. 강자의 매출을 더욱 늘리기 위해서.

그렇지만 한편으로는 다들 깨닫기 시작했다고 저는 생각합니다.

전년 대비 '101'퍼센트의 매출, '4'분기 목표 달성 등 숫자를 충족하는 것이 전부가 아니라고. 노동 인구가 감소하고, 국내 시장이 축소되며, 수많은 격차가 확대되는 와중에 단기 목표만 바라보고 전력 질주를 한들 조만간 기력이 다해 무너질 것이라고.

한 후배가 이런 말을 중얼거린 적이 있습니다.

"자본주의는 대체 어디를 목표하는 걸까요?"

그 답은 경제학자조차 모릅니다. 누구도 모르건만 우리는 그저 획일적인 생산성과 성과에 지나치게 몰두하지 않았나 생각합니다.

'약점'을 받아들이고 사회로 들어가 누군가의 강점과 손잡자

'획일하다'의 반대는 '다양하다'입니다.

유루스포츠를 포함해 지금 제가 진행하는 모든 일은 제 아들과 장애가 있는 친구들, 그리고 저 자신의 '못하는 일'이나 '고민'에서 비롯된 것입니다.

"행복한 가정은 모두 모습이 비슷하고, 불행한 가정은 모두 제각각의 불행을 안고 있다." 톨스토이가 『안나 카레니나』에 쓴 유명한 말입니다.

가령 어느 영화감독에게 "행복한 가족을 찍어주세요."라고 요청하면 웬만큼 비슷한 그림이 나올 것입니다. 식탁을 둘러싸고 앉아 있는 가족, 그 곁에 있는 큰 개, 실내를 따뜻하게 데워주는 난로 등. 그에 비해 "불행한 가족을 찍어주세요."라는 요청의 결과물은 천차만별이겠죠. 표현할 방법이 무수히 있을 것입니다.

즉, '약함'에야말로 다양성이 있는 것입니다.

그렇기 때문에 강점만이 아니라 각자 자기다운 '약점'을 서로 교환하거나, 갈고닦거나, 보완할 수 있다면 이 사회가 더욱 풍요로워지리라 생각합니다.

저는 눈이 보이지 않는다는 아들의 '약점'과 카피를 쓸 줄 안다는 저의 '강점'을 조합하고 있습니다. 그리고 운동을 못한다는 내 '약점'을 여러 사람들의 '강점'과 엮어보고 있습니다.

지금 저는 '강점'은 물론 '약점'까지, 저와 제 소중한 사람들의 모든 것을 최대한 활용하며 일하고 있습니다.

무리해서 약점을 극복하지 않아도 됩니다. 당신의 약점에는 누군가의 강점을 이끌어내는 힘이 있으니까.

약점을 받아들이고, 사회로 들어가, 누군가의 강점과 손잡는다. 이것이 마이너리티 디자인의 사고방식입니다. 그렇게 했을 때 비로소 싹트는 미래가 있습니다.

이 책에는 크게 다섯 가지를 적었고, 한 장에 하나씩 정리했습니다.

첫 번째는 '마이너리티 디자인이란 무엇인가?'입니다.

1장에서는 광고라는 대중의 세계에서 사회복지라는 소수자의 세계로 옮겨가며 제가 직접 경험한 패러다임 전환, 그리고 수많은 장애 당사자들에게서 배운 '오늘의 약점은 내일의 강점'이라는 사고방식에 대해 이야기합니다.

2장은 '재능의 사용법을 전환해보기'입니다.

① 본업에서 기른 능력을 본업 밖에서 활용하기 ② 대중이 아닌 한 사람을 위하기 ③ 패스트 아이디어보다 지속 가능한 아이디어 지향하기, 이런 세 가지 전환으로부터 마이너리티 디

자인이 시작된다는 내용을 담았습니다.

세 번째는 '마이너리티 디자인 실천 사례'입니다.

3장에는 제가 가장 오랜 시간을 들이고 있는 '유루스포츠'에 관해서 적었습니다. 무엇이 계기였는지, 약함을 어떻게 살리고 있는지, 사람들을 어떻게 끌어모았는지, 무엇을 만들고 있는지. 제가 하는 일들을 공유합니다.

네 번째는 '자신을 의뢰인으로 삼는 방법'입니다.

"아들과 만나고 저는….." 하고 이야기하면 종종 듣는 말이 있습니다. "저는 소중한 사람이 떠오르지 않는데, 어떡하면 될까요?" 하지만 사실, 자신의 내면에 있는 소수자야말로 '운명의 과제'입니다.

4장에서는 내 안의 소수자와 과제를 찾아내는 방법으로 '자기 자신에게 쓰는 기획서'라는 발상을 제안합니다.

5장은 '마이너리티 디자인을 하는 방법'입니다.

이 책의 마지막에는 초 단위로 소비되는 '심심풀이'가 아니라 오랫동안 살아남을 '생태계'를 만들어내기 위해 어떻게 발상해야 하는지, 그 과정에서 말을 어떻게 활용해야 하는지 등을 정리했습니다.

사람들이 혼잡한 곳보다
한산한 길가에서 보물을 찾자

그곳은 누구도 손대지 않은 보물섬이었습니다. 소수자의 세계를 둘러보니 길가에 수많은 보물이 널브러져 있었습니다. 하지만 보물도 갈고닦지 않으면 본래의 빛을 내지 못하는 법입니다. 그래서 저는 길가에 있는 그 보물들을 닦자고 마음먹었습니다.

광고의 세계에는 저 말고도 사람이 얼마든지 있습니다. 중진들이 한창 활약하고, 생기 넘치는 신진도 계속 가세하고 있습니다. 하지만 소수자의 세계에는 보물을 갈고닦을 사람이 한참 모자랍니다.

제가 혼자 보물을 닦기 시작하고 얼마 지나지 않아 "재미있어 보이네요." "같이 해도 돼?" 하는 동료가 한 명, 또 한 명 늘어났습니다. 지금은 회사 안에도 밖에도 수많은 동료가 있습니다. 큰길에서 행진을 할 만큼 사람이 모여들었지요.

이 세계에는 아직 갈고닦아야 하는 과제가 많이 있습니다. 여기저기 흩어져 있는 소수자 한 명 한 명에게 고유unique의 과제가 있기 때문에 고유한 답을 찾을 수 있습니다. 그처럼 아직 발견하지 못한 신대륙은—소수자는—틀림없이 사회복지의 세계 밖에도 수없이 숨어 있습니다.

소수자의 정의를 대담하게 넓혀 '운동 약자' 같은 새로운 소수자를 차례차례 드러내 보임으로써 개척할 수 있는 미래가 있습니다.

이 책에는 제 나름대로 고민하고 발버둥 치면서 손에 넣은 모든 것을 담았습니다.

지금 일을 하며 고뇌하는 모든 사람에게.

당신의 굉장한 재능이 다시 한 번 밝은 빛을 낼 수 있도록 이 책이 불씨가 되기를.

부디 전해지기를.

사와다 도모히로

1장

마이너리티 디자인이란 무엇인가

광고에서 사회복지로
'운명의 과제'와 만나다

**Weak
is the
new strong**

시작은 영업국,
'돈 쓸 곳'을 정해주는 일

2004년, 광고회사에 입사하고 제가 처음 배속된 곳은 영업국이었습니다.

한 카메라 제조사의 미디어 담당, 그중에서도 잡지 광고를 맡았습니다. 연간 예산이 수천만 엔이었고, 달성해야 하는 매출 목표가 있었습니다. 6월에는 주간지 뒤표지에 디지털카메라 광고를 내보내고, 7월에는 올림픽이 있으니 스포츠 잡지에 일안 리플렉스 카메라의 기사형 광고를 싣고…. 이렇게 매달 어느 잡지에 얼마나 광고 예산을 배분할지 결정하는 것이 제 일이었지요.

눈알이 핑핑 돌 만큼 바쁜 매일매일. 그래도 고객을 위해 몸 바쳐서 일하는 것이 즐거웠습니다. 선배들에게 도움을 받으며

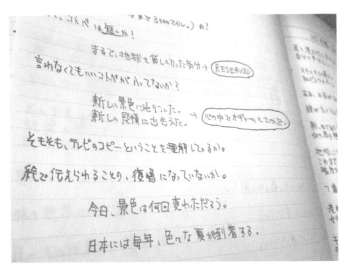

카피라이터가 되기 위해 만든 연구 노트.

간신히 해내는 처지였지만, 전혀 모르던 세계에 발을 디딘 저는 가슴이 두근거렸습니다.

저금조차 제대로 못 하던 제가 막대한 예산을 관리해낸다는 것에 놀랐습니다. 정말 다행스럽게도 고객들은 모두 좋은 분들이었습니다. 상여금을 받고 단골 회사의 디지털 카메라를 구입할 정도였지요. 처음으로 '남을 위해 애쓰고 싶다.'라는 바람이 싹텄던 게 기억납니다.

그와 동시에 카피라이터라는 꿈도 포기하지는 않았습니다.

제가 입사했던 해에는 '곧장 크리에이티브국으로' 가는 길은 없었습니다. 입사하고 첫 1년은 반드시 영업이나 선전 등 직접 고객과 만나는 부서에서 일해야 했지요.

저의 1지망 부서는 크리에이티브국. 언젠가 올 그날에 대비하여 저는 1년 동안 '말과 감정과 표현'에 관한 연구를 계속했습니다. '사람은 왜 웃을까?' '이 카피는 왜 사람들의 마음을 움직였을까?' 제가 연구하며 만든 노트는 어느새 열 권을 넘어섰습니다.

태어났을 때부터
나는 '외부인'이었다

광고회사에서 저를 받아준 것은 무척 큰 행운이었습니다.

왜냐하면 저는 태어난 순간부터 항상 '나는 외부인(아웃사이더)이다.'라고 생각했기 때문입니다.

아버지의 일 때문에 오랫동안 해외를 전전했습니다. 생후 3개월에 프랑스로 건너갔고, 그다음에는 영국에서 한 살부터 일곱 살까지 지냈습니다. 초등학교 1학년 때 일본에 돌아와 5학년까지 보냈는데, 좀 부자연스러운 일본어 때문에 '외국인'이라는 둥 놀림을 받기도 했지요.

5학년 때 다시 프랑스로 돌아갔고, 일본인 학교를 거쳐 중학교는 파리에 있는 영국인 학교를 다녔습니다. 그런데 일본에서

4년간 생활하는 사이에 영어를 깨끗이 잊어버려서 이번에는 반 친구들과 대화조차 마음대로 할 수 없었습니다.

즉, 일본에서는 '외국인' 또는 '유학생', 해외에서는 '일본인' 또는 '동양인'으로 저는 항상 외부인이었습니다. 고향이 없는, 어디서나 타향살이.

모국과 타국, 어디에나 속한 듯하지만 어디에도 속하지 않은 상태란 항상 발이 땅에서 떨어져 둥실둥실 떠 있는 것 같아 괴롭습니다.

그런 생활을 하다 보면 어떻게 되느냐. '사람'이 어려워집니다. 사람을 대하기 귀찮다든가 하는 차원이 아니라 생물로서 위화감을 느낄 정도로.

예컨대 '왜 인간의 피부는 매끈매끈할까?'라고 의아했습니다. 온몸의 털을 깎은 푸들을 보면 어딘지 이상하고 위화감이 들지 않습니까? 그와 비슷하게 저는 한동안 사람을 보며 '왜 매끈매끈할까?' '이상하게 진화했네.'라고 생각했던 것입니다.

아무리 봐도 저 자신이 '사람'의 일원이라고 여겨지지 않았습니다. 어디에도 속하지 않았기에 일어난 굴절. 지금 돌이켜보면 꽤 위험한 상태였습니다.

이 세계는
말로 규정되는 곳

울적한 청소년기를 보낸 저에게는 푹 빠질 만한 것이 없었습니다. 운동 경기를 보는 건 좋아했지만 특정 팀을 응원하지는 않았습니다. 타인의 인생이든 내 인생이든, 왠지 무관심했지요.

그렇지만 적어도 책을 읽는 사이에는 답답함을 잊을 수 있었습니다.

프랑스에도 일본의 책들을 소장한 도서관이 있었는데, 매주 도서관에 가서 대출 상한선인 스무 권을 꽉 채워 책을 빌렸습니다. 집에서 종일 책을 읽고 그다음 주가 되면 새로운 책을 빌려서 읽는 매일매일.

그런 보람이 있었는지 수업 시간에 글쓰기를 하면 종종 선생님의 칭찬을 받았습니다. 해외에서 살았기 때문인지 말이란 무엇인가 자주 생각하게 되었지요.

예를 들어 프랑스에서는 '나비'와 '나방'을 한데 뭉뚱그려 '파피용papillon'이라고 부릅니다. 그래서 일본인이 별로 좋아하지 않는 '나방'이 어깨에 앉아도 프랑스인은 "파피용이야! 예쁘다."라며 신경 쓰지 않습니다.

'그렇구나. 이 세계는 말로 규정되는 곳이구나.'

말이란 재미있는 거구나. 글을 쓰는 건 즐겁구나.

이렇게 생각할수록 세계가 조금씩 전과 다르게 보였습니다. '이 세계는 그다지 좋아하지 않지만… 아무리 불편한 세계라도 내 말로 바꿀 수 있을지 몰라. 좋아하는 세계로.'

중학교 3학년부터는 미국에서 생활하게 되었습니다.

미국으로 건너가 3년 정도 지난 어느 날. 텔레비전에서 한 광고를 보았습니다.

배 위에 해병들이 일렬로 서 있었습니다. 슈퍼히어로처럼 모두 근육이 울퉁불퉁했지요. 빛을 등진 그들의 실루엣을 배경으로 마지막에 이런 말이 나왔습니다.

"자네도 이 나라를 지키는 히어로가 되지 않겠나?"

해군이 입대 희망자를 모집하는 광고였습니다.

'음… 무리인데.' 지나치게 연출이 과장된 그 광고를 보고 저는 '코미디 같네.'라고 생각했습니다. 하지만 이튿날 학교에 가 보니 남자아이들이 왠지 소란스러웠습니다. "그 광고 봤어?" "엄청 멋있었지!" "나는 해군이 될 거야!" 등등. 그중 한 명은 나중에 실제로 입대했습니다.

술렁이는 남자아이들을 보고 저는 깜짝 놀랐습니다.

말에는 세계를 규정하는 힘이 있습니다. 그날 깨달았습니다. '말과 결합한 광고에는 사람을 움직이는 힘이 있다.'라는 걸 말입니다.

'경계선'에 있는 아웃사이더야말로
가치가 있다

저는 점점 '노래 가사'에도 흥미가 생겨서 마음먹고 기타를 구입해 음악에 빠져들었습니다.

그러다 한 가지 생각이 떠올랐습니다. '일본 대중가요의 요소를 미국 록이랑 섞으면 재미있을 것 같은데….'

당시 일본에서는 '라르크 앙 시엘L'Arc~en~Ciel'*의 인기가 대단했습니다. 표현력이 풍부한 보컬부터 섬세한 기타와 복잡한 베이스, 기교가 매우 뛰어난 드럼, 그리고 드라마틱한 노래 구성까지. 미국에서 음악 방송을 종일 봐도 비슷한 밴드가 없었습니다.

미국인 드러머, 일본인 베이시스트에 제가 보컬과 기타를 맡아서 3인조 밴드를 결성했고, 미국과 일본의 록을 섞은 듯한 음악을 시작했습니다.

한 미국인 프로듀서가 "독특한 음악이다!"라고 눈길을 주더군요. 결국에는 세상에, 작은 규모였지만 인디 밴드로 데뷔하기에 이르렀습니다.

'어?'

* 1991년 결성된 일본의 4인조 록밴드. 1990년대를 대표하는 인기 밴드 중 하나로 지금까지 활발히 활동하고 있다.

좀 허탈했습니다. 솔직히 제 노래는 뛰어나지 않았고, 기타는 평범했습니다. 그런데도 "어메이징!"이라고 절찬을 받고 멤버들과 하이파이브를 했습니다.

저는 깨달았습니다. '일본과 미국 사이, 즉 경계선 위에 서 있다는 사실 자체가 가치 있는 거구나.'라고요.

고등학교 3학년 때 일본으로 돌아왔고, 대학교 3학년부터 구직 활동을 시작했습니다. 무역상사, 금융사, 제조사. 다양한 분야의 사람들을 만났는데, 그중에서도 광고업계의 사람들에게 마음이 끌렸습니다.

그들은 수많은 기업과 협력 관계를 맺고 여기저기 흩어진 정보들을 그러모아 새로운 가치를 만들어내 널리 세상에 전하려 했습니다. 기업과 기업, 업계와 업계, 온갖 '틈새'에 서서 매사를 항상 위에서 내려다보며 전체적으로 파악했습니다.

'아, 광고회사 사람들도 경계선 위에 서 있구나.'

그렇게 생각한 순간, 가슴에 기대가 가득 찼습니다. '이제야 말이 통하는 사람을 만났어.' '왠지 마음이 잘 맞을 것 같아.' 게다가 그곳에는 카피라이터라는, 말을 전문적으로 다루는 직업이 있었습니다.

화려하고 비싼 광고보다는
아이디어 넘치는 광고

영업국에서 1년 동안 일하고 2월이 되자 다른 부서로 옮겨 가기 위한 사내 시험이 실시되었습니다. 응시한 사람은 동기 180명 중 20명. 시험 문제는 '사진을 보고 한 줄 광고 문안을 쓰라.' 같은 것과 고객을 상정한 기획 제안 등이 있었습니다.

지난 1년간 제가 했던 연구는 필기시험보다 면접에서 빛을 발했습니다.

한 면접관이 "자네는 어떤 광고를 좋아하는가?"라고 물어봤습니다. 해외에 오래 살아서 저는 일본 연예인을 잘 몰랐습니다. 그래서 연예인이 출연한 광고가 좋다고는 별로 생각하지 않았습니다. 막대한 예산이 들어가 번쩍번쩍하고 화려한 광고도 냉소적으로 자라난 저에게는 좀 피곤했고요.

제가 선택한 것은 틈새를 파고드는 광고였습니다.

해외의 지퍼락 (같은) 상품을 알리는 광고.

하얀 공간에 조그만 탁상시계가 있고, 째깍대는 초침 소리만 울립니다. 그 시계를 지퍼락에 넣으니 "째깍"의 속도가 "째…애…까…악" 하고 느려집니다. 그리고 다음과 같은 카피로 마무리합니다.

"이것은, 시간을 느리게 한다."

충격적이었습니다. 그 광고를 만드는 데는 아마 예산이 거의 들지 않았을 겁니다. 그럼에도 '시계의 초침 소리가 느려진다'는 기획만으로 광고의 콘셉트와 상품의 훌륭함이 모두 단번에 와닿았습니다.

'와, 나도 이런 광고를 만들고 싶어!'

면접장에서도 거침없이 그 광고의 대단함을 이야기했습니다. 면접관이 제 이야기를 듣고 말했습니다.

"예산을 들이지 않아도 역시 중요한 건 아이디어지요. 맞는 말이라고 생각합니다. 좋은 광고를 잘 찾았네요."

며칠 뒤, 영업국 선배가 싱글거리면서 제 자리로 다가왔습니다. "사와다, 축하해!"

세상에, 시험에 합격한 것이었습니다.

시험에는 붙었지만,
꽃피지 않는 카피라이터의 재능

시험에 붙고 옮겨간 자리는 크리에이티브국의 카피라이터였습니다. 회사에는 멘토링 제도가 있어서 저는 한 카피라이터를 스승 삼아 경험을 쌓기 시작했습니다.

스승의 말에는 그 자리를 뒤흔드는 힘이 있었습니다.

"즉, 이런 말이죠?"

광고주와 회의 자리에서 스승은 한 시간 정도 이야기를 듣고는 만년필로 술술 딱 한 줄만 적어 보여줍니다.

그 순간 "맞아요! 그거예요!" "와, 이걸로 이것저것 기획할 수 있겠는데요!" 하고 방향성이 뚜렷해지고, 회의 자리가 희망으로 가득 차 모두가 하나로 뭉칩니다. 그는 그야말로 '말의 프로'였습니다.

'나도 저런 한 줄을 쓰고 싶다.' 이렇게 생각하며 필사적으로 스승에게 들러붙었습니다. 하지만 스승은 "음, 좀 아쉬운데."라며 개선하라고 할 뿐이었습니다. 자신에게도 타인에게도 무척 어려운 과제를 내는 사람이었죠.

제가 그러는 사이에 동기들은 차례차례 자신의 아이디어를 결과물로 만들어내며 활약하기 시작했습니다.

광고 문안이 채택되어 대형 광고판에 커다랗게 걸린다든지. 고심해서 그린 콘티가 광고로 만들어져 전국에 방송된다든지. 나도 그들과 마찬가지로 같은 층에서 같은 시간을 들여 카피를 쓰고 기획을 하는데.

왜 이렇게 큰 차이가 벌어진 걸까?

아아, 표현하고 싶은 게, 전하고 싶은 게 정말 많은데, 나는 무대에 서는 것조차 허락받지 못하는구나.

내게는, 재능이 없었던 거야.

지하철 순환선을 한 바퀴 돈 날

조용한 수준을 넘어서 "있었어?"라며 놀랄 만큼 존재감이 희박한 채 크리에이티브국에서 1년을 보내고….

어떡하나 조바심이 꼭대기에 달했을 때, 우연히 다른 선배가 제게 말을 걸었습니다. "잠깐 이 일 도와주지 않을래?" 선배가 말한 일이란 산토리의 신상품 광고. 소재는 '신호흡新呼吸'이라는 이름의 산소가 들어간 탄산음료였습니다.

당시 '한 줄'을 인정받지 못했던 저는 그때 반대로 광고란을 가득 채울 만큼 카피를 길게 적었습니다.

변변찮은 회사원(저 같은)이 동물원에서 본 '똑같은 행동을 반복하는 북극곰'에 자신을 투영하여 놀랍게도 태국으로 떠난다는 이야기였습니다. 그 긴 글에 '끄룽텝 마하나콘 보원 라따나꼬씬 마한따라 아유타야 마하딜록 뽑놉빠랏 랏차타니 부리롬 우돔랏차니왓 마하싸탄 아몬삐만 아와딴싸티 싸카타띠야 위쓰누 깜쁘라씻'이라는, 태국 수도 방콕의 정식 명칭을 다섯 차례나 넣었습니다.

지금, 조금 읽다가 건너뛰었지요?

광고의 아래쪽에는 "나도 모르게 읽다 말았나요. 그렇다면 산소 부족일지도? 산소로 시원하게. 마시는 심호흡, 산소 함유 탄산음료 '신호흡' 발매."라는 안내문을 덧붙였습니다.

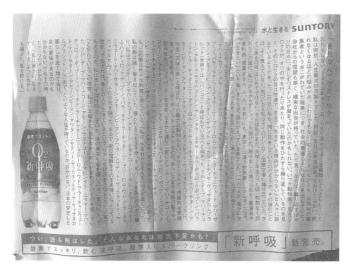

카피라이터로서 데뷔작이었던 '신호흡'의 신문 광고.

그리하여 2006년 6월, 제 데뷔작이 세상에 퍼져 나갔습니다.

전국지 신문에 5단 광고, 각 전철사의 차내 광고.

그날 야마노테선* 전철에 타자마자 갑자기 그 광고를 응시하는 사람과 맞닥뜨렸습니다. '열심히 만들었는데, 그냥 무시하려나….' 그 사람의 시선을 따라가봤더니, "끄룽텝 마하나콘…"이 몇 번째 반복되는 부분에서 싱긋 웃었습니다.

그 순간, 전율을 느꼈습니다. '닿았다!'

닿는다는 건 어려운 일 아닙니까. 전하기란 퍽 어렵습니다.

* 도쿄를 순환하는 철도 노선.

그 순간 저는 인간 사회와 마침내 정식으로 계약을 맺은 듯한 느낌이었습니다. 기뻐도 너무 기뻐서 저는 그 차에 탄 채 순환선을 한 바퀴 돌았습니다.

업종이 달라도 이런 '첫 경험의 기쁨'이 틀림없이 여러분의 기억에도 있겠죠?

영화 「슈퍼맨」 카피가
시부야역을 장식한 날

그로부터 두 달 뒤, 다음 기회가 찾아왔습니다. 영화 배급사 워너 브라더스의 일이었지요. 심지어 작품은 「슈퍼맨 리턴즈」. 대작의 속편이었습니다. 광고가 걸리는 곳은 오가는 사람들이 정말 많은 시부야, 하치코 동상*이 바라보는 커다란 광고판이었습니다.

광고에 쓸 사진은 이미 정해져 있었습니다. '폭주하는 전철을 슈퍼맨이 필사적으로 멈추는 모습'. 그 아래에 광고 문안을 넣어달라는 의뢰였습니다.

'이야, 이렇게 재미있는 일이 있을까.'

* 세상을 떠난 주인을 계속해서 지켰다는 충견 하치코를 기리는 동상으로 시부야역의 상징과도 같다.

그동안 쌓인 울분을 해소하듯이 저는 아이디어를 내기 시작했습니다.

'슈퍼맨이라 하면 위기에서 구해주는 슈퍼히어로. 그럼 이 사진에서는 누굴 지키려고 하는 걸까…?'

머리에 떠오른 것은 시부야를 활보하는 '갸루ギャル*'라고 불리는 어린 여성들이었습니다.

당시 시부야에서는 젊은이들이 집에 돌아가려 하지 않는 것이 사회문제가 되고 있었습니다. 젊은이들의 여러 집단이 그들만의 문화를 이끌었는데, 한밤중까지 거리에 계속 모여 있었던 것입니다.

'영화의 내용을 시부야라는 거리 특유의 분위기와 조합해보면 좋지 않을까.' 저는 다음과 같은 문안을 써보았습니다.

"그가 지켜주는 사이에 모두 빨리 돌아가자."

결코 화려한 카피는 아니었지만, 담당자는 무척 만족했습니다. 영화도 흥행했고요.

그 일을 한 다음부터 비로소 조금씩 일거리를 받게 되었고, 지상파 방송의 광고를 비롯해 담당하는 영역을 점점 넓혀갔습니다.

---

* 어린 여성을 뜻하는 영어 속어 'gal'에서 비롯된 말로 일본에서 특유의 진한 화장과 눈에 띄는 옷차림을 하는 어린 여성들을 가리킨다. 남성 중에도 갸루 같은 차림새를 추구하는 이들이 있다.

수천만 명의 세계로…
하지만

CM 플래너*는 광고업계에서도 백미 같은 존재입니다. 요즘이야 온라인 광고 시장이 텔레비전 광고 시장을 웃돌지만, 당시에는 아직 텔레비전 광고가 압도적으로 힘이 있었습니다.

저 역시 어느새 동시에 여러 편의 텔레비전 광고를 담당하게 되었습니다. 누구나 아는 기업의 광고에 누구나 아는 연예인을 섭외하는, 무척 대중적이고 규모가 큰 일이었지요.

제가 생각해낸 광고가 전국에 방영되었습니다. "저번에 사와다가 만든 광고 봤어!" "뭔가 상 받았다며? 대단하다!" 친구들이 차례차례 연락을 해왔습니다. 처음에는 자랑스러워 가슴이 벅찼지만, 저도 모르는 사이에 그런 일상에 익숙해졌습니다.

텔레비전 광고를 얼마나 많은 사람들이 보았는가.

그것은 시청률의 총합인 'GRPGross Rating Point'로 계산됩니다. 가령 "골든 타임의 이 프로그램과 프라임 타임의 이 프로그램에 방영되었고, 합해서 2000GRP였습니다."라는 식으로 숫자가 고객에게 보고되지요.

저를 비롯한 광고회사의 크리에이터들은 그 2000GRP라는

---

* 텔레비전이나 라디오 광고의 콘셉트를 생각하고 기획·제작 과정을 관리하는 일종의 감독. 일본 광고계에서 만들어낸 명칭으로, 한국에서는 널리 쓰이지 않는다.

숫자 너머에 있는 한 사람 한 사람과 만날 수 없습니다. 제가 만든 광고에 대한 반응을 직접 볼 수는 없었죠. 심지어 지금처럼 SNS가 발달하지도 않았던 시절이었습니다.

물론 고객의 반응과 매출 목표 달성도 등을 보고 결과를 파악했지만, '살아 숨 쉬는 생활인이 아니라 모니터만 보고 있어도 괜찮을까?' 하는 의구심이 점점 고개를 내밀었습니다.

프로젝트가 크면 클수록 팀 인원수도 늘어났습니다. 그럴 때마다 '나는 무엇을 위해 여기 있는 걸까?'라는 의문도 떠올랐지요. 비유하면 수십 명, 어떨 때는 100여 명이 달라붙어서 갈고닦는 것이 '광고 프로젝트'라는 보물이었습니다.

'이거 혹시… 내가 손을 멈춰도, 한 발 떨어져도, 아무 문제 없는 거 아냐?'

그 사람은 과연
실제로 존재할까?

어느 날, 한밤중에 자료를 뒤지다 마침내 일하는 데 있어 '금단의 질문'을 머릿속에 떠올렸습니다.

'이 일은 누굴 위해서 하는 거더라?'

나는 정말로 회사와 사회에 보탬이 되고 있을까? 차례차례 의문이 샘솟았습니다.

광고를 만들 때는 기획서에 다음과 같이 잠재 고객을 설정합니다. '대기업에서 일하는 사무직 20대 여성. 부모와 함께 살지만 독립하기 위해서 저금을 하고 있다.' '회사에서 중간관리직을 맡고 있는 40대 남성. 점심값은 600엔 이내.' 등등.

다수파라고 여겨지는 타깃을 '상정'하여 '그들'의 마음을 찌를 '듯한' 광고를 만들었습니다. 물론 고객 설정이 유효한 때도 있었죠.

그렇지만 그건 '누구'일까요…. 정말 그런 사람이 있을까요?

마치 비눗방울을
무한하게 만들어내듯

그때 저는 '광고 작업'에 지쳤던 것 같습니다.

광고는 고객의 오리엔테이션부터 시작합니다. 기획을 다듬고, 콘티를 그리고, 기획서를 만들고, 발표를 하고, 의견을 듣고, 수정하여, 다시 발표를 합니다. 그렇게 기획이 결정되면 감독을 정하고, 제작 스태프를 모으고, 촬영과 편집을 하여, 방송됩니다. 모든 과정에 수개월이 걸리지요.

광고가 방송되는 건 불과 1~2주밖에 안 되기도 합니다. 광고 캠페인 기간이 끝나면 더 이상 방송되지 않습니다. 아무리 고생하고 고심하여 연이은 밤샘 작업 끝에 완성했다고 해도, 방송이 끝나면 전부 초기 상태로 돌아가 다음 광고 제작을 시작합니다.

마치 비눗방울을 무한하게 만드는 것 같았습니다. '팡!' 하고 터지면서 사라지는 덧없는 것을.

물론 덧없다는 것은 지나친 생각입니다. 텔레비전 광고는 틀림없이 단기간에 상품 인지도를 급격히 높이거나 매출을 상승시키거나 브랜드 이미지를 개선할 수 있습니다. 이 책을 쓰고 있는 2021년 현재도 그 효과는 탁월합니다. 부정할 수 없는 사실이죠.

그렇지만 일을 하는 개인에게는 어떨까요.

기나긴 시간을 광고 제작에 쓰는 데 비해 무언가 제가 직접 느끼는 실감은 없었습니다. 저와 비슷하게 덧없음을, 혹은 허무함을 느끼면서 일하는 사람들이 지금 이 사회의 여러 직장에 있지 않을까요.

제 인생이 '헛수고를 하고 있는', 그런 느낌이었습니다.

슬며시 주류에서
벗어나기 시작하다

저는 방식을 바꿔보기로 했습니다.

광고에서 연마한 기술을 활용하되 그 능력을 '광고 밖'에서 사용하면 어떨까? 먼저 이런 의문을 직접 실험해봤습니다.

문득 '만화를 연재하고 싶다.'라는 생각이 들었습니다. 그 생각에서 만들어진 만화가 「기메조의 "뻔한 말로는 차일 게 뻔해."」입니다. 당시 날아다니는 새도 떨어뜨릴 만큼 인기가 대단했던 무료 만화 주간지 「R25」에 연재했었죠. (현재는 온라인으로 옮겨가 「신 R25」가 되었습니다.)

프랑스에서 고독하던 시기에 혼자 만화를 그리곤 했습니다. 그 무렵의 즐거운 기억이 되살아나 '지금이라면 어떤 만화를 그릴까?' 생각한 것입니다.

당시 잡지국에서 일하던 입사 동기에게 상담했습니다. 그는 "한 가지 가능성이 있어."라고 눈을 번뜩이더군요.

그때부터 팀을 꾸리고, 기획을 세우고, 샘플을 만들어서 선배에게 프레젠테이션을 했습니다. 그리고 놀랍게도 기획이 통과되었습니다. 만화의 아이디어는 다음과 같았습니다.

주인공 기메조는 "네 눈동자에 건배."라느니 "따님을 제게 주십시오." 같은 상투적인 구애를 단칼에 잘라냅니다. "그런 뻔한

기페조의
"뻔한 말로는
차일 게
뻔해."

「너는 별처럼 예뻐」편
● 사와다 도모히로&오스야마 메스타로
● 이토켄

너는 별처럼 예뻐.

그런 뻔한 말로는
차일 게 뻔해.
내게 맡겨봐.

불쑥

오늘 밤도
북두팔성이
아름다운걸.

자, 봐.
1, 2, 3, 4, 5, 6, 7,

어... 팔성?
칠성이
아니고?

8
!!

말로는 차일 게 뻔해."라고요. 그리고 독특하기 그지없는 구애를 선보입니다. 예를 들면 "DEAD or 나랑 사귀ALIVE?" 하는 식이죠. 마무리는 늘 기메조의 말에 아무도 반응이 없는, 그런 내용이었습니다.

그 무렵 저는 카피 실력을 연마하는 일환으로 '구애 문구'를 연구하는 데 힘쓰고 있었습니다. 그 연구의 성과를 만화에 녹여낸 것입니다. 「R25」의 독자층은 25세 전후의 회사원 남성. 이 기획이 그야말로 과녁의 한가운데를 꿰뚫을 거라고 예감했습니다.

만화는 6년 동안 연재했는데, 그 사이에 여러 기업과 협업을 했습니다. 도미노피자, 토요타, 스바루….

기린의 그린라벨 맥주와 광고 캠페인을 함께하기도 했고, 유키지루시 메구밀크와 협업해 푸딩을 개발하기도 했죠. 저는 계속 '인기 폭발 직전'이라고 장담했지만 끝내 폭발하지는 않더군요. 그래도 그 일에서는 확실히 보람을 느꼈습니다.

그 일은 '만들고 끝'이 아니라 '저축형'이었습니다. 연재가 이어지면서 굿즈를 만들고, 애니메이션이 되고, 콘텐츠가 성장해갔죠. 만화의 팬이라는 분에게서 메시지를 받을 기회가 있어서 '제대로 닿고 있어!'라는 느낌이 생생히 들었습니다.

그런 생생한 느낌은 광고라는 '프로페셔널한' 창작에 지쳐 있던 저에게 큰 기쁨을 주었습니다.

광고하고 싶은 기업을
스스로 고르다

그다음에 한 것은 '내가 광고하고 싶은 기업을 스스로 고르자!' 하는 운동이었습니다. 고객의 의뢰를 기다릴 게 아니라 제가 좋아하는 기업에 스스로 뛰어들자고 마음먹은 것입니다.

이미 제 눈에 들어온 곳이 있었습니다. 바로 프랜차이즈 패밀리 레스토랑 '로열호스트'입니다.

로열호스트는 저에게 제2의 일터였습니다. 입사 첫해부터 카피라이터를 목표하여 밤마다 '말과 감정과 표현'을 연구하기 위해 집 근처의 로열호스트를 다녔습니다. 언제 가도 편안하고, 저를 따뜻하게 맞이해주는(물론 다른 사람들도 따뜻하게 맞아주는) 곳.

어느 날 불현듯 떠올랐습니다. '로열호스트의 광고를 만들면, 애정을 듬뿍 담아서 훨씬 즐겁게 일할 수 있지 않을까?'

한번 떠오른 생각을 주체하지 못하고 회사에서 누가 로열호스트 영업을 담당하고 있는지 찾아봤습니다. 그런데 담당자가 없었습니다. '…운명이다!' 제가 할 수밖에 없다고 생각했습니다. (착각이었지요.)

우선 입사 동기인 아트 디렉터와 상의해서 포스터 초안을 만들었습니다. 다음과 같은 이미지였지요.

장소는 로열호스트 매장 안. 옷걸이에 손목시계가 매달려 있는 사진을 배경으로 "가끔은, 인생을 쉴까요."라는 카피가 쓰여 있습니다. 정신없는 일상에서 푹 쉴 수 있는 장소가 로열호스트라는 메시지를 전하고 싶었습니다. 제가 직접 체감한 로열호스트의 가치 그 자체였지요.

그다음 저는 에두르지 않고 '로열호스트의 홈페이지에 쓰인 대표 전화로 연락한다.'라는 방법을 택했습니다.

"저, 안녕하세요…. 저는 광고회사에서 일하는 사와다라고 합니다. 귀사의 오랜 팬인데, 이번에 광고 이미지를 한번 만들어봤습니다. 꼭 보여드리고 싶습니다만."

누가 들어도 수상한 사람이죠. 너무 일방적이었습니다.

그렇지만 역시 'Hospitality Restaurant따뜻한 식당'를 기치로 내건 로열호스트. "감사합니다. 정말 기쁩니다! 한번 보여주시겠어요?"라고 흔쾌히 답을 주었습니다.

방문 당일, 저는 극도로 긴장했습니다. 그때까지 '고객 방문'은 항상 팀으로 움직였기 때문입니다. 그날은 저 혼자였습니다. 풋내기 카피라이터가 혼자 가도 괜찮을지… 혹시 터무니없는 실례를 저지르는 건 아닐지…. 너무 불안해서 로열호스트 본사로 들어서는 다리가 조금 떨렸습니다.

다행히 저를 맞이해준 스미다 씨라는 분은 무척 친절했습니다. "이런 포스터를 멋대로 만들어버렸습니다."라는 저의 일방적인 고백을 "아, 이건 저희와 어울리는 이미지네요!"라고 호의적으로 받아주었지요.

그날을 계기로 몇 가지 일을 함께할 수 있었습니다. 광고도 만들었는데, 당시 출시를 도운 신메뉴가 '쿠로×쿠로 햄버그黑×黑ハンバーグ'입니다. 지금은 로열호스트의 대표 메뉴 중 하나가 되었지요.

혼자서 뛰어든 일이 그대로 회사의 일이 되었습니다. 좋아하는 기업을 위해 제 능력을 발휘할 수 있어서 행복했습니다.

'좋아하는 일을 할 수 있으니 됐나.'라고 생각했건만

그 뒤에 로열호스트를 운영하는 로열그룹에 속한 튀김덮밥 체인점 '텐동텐야'의 홍보 의뢰도 받았습니다. 매년 계절에 맞춰 신메뉴를 출시하고 있는데, 그 사실을 더욱 널리 알리고 싶다고 하더군요. 다만 텔레비전 광고를 할 예산은 없다고 했습니다.

자, 어떡할까요?

2011년, 텐동텐야는 '차가운 텐차天茶'라는 새로운 음식을 선보이려 했습니다. 그것은 '튀김에 차가운 차를 끼얹어 먹는다.'

라는 획기적인 상품이었습니다.[*]

'온 더 록on the rock[**]이다….' 신제품의 아이디어를 들은 순간 제일 먼저 그런 생각을 했습니다. 이토록 대담한 상품 전략이 있을까 싶었지요. 그리고 생각했습니다. '어, 잠깐만. 록이라고 하면… 튀김덮밥과 록밴드를 결합할 수 있지 않을까?'

그래서 백지 상태에서 '에비메타 밴드エビメタ・バンド'라는 메탈 밴드를 제작하기에 이르렀습니다. 밴드의 특징은 텐동텐야가 신제품을 출시할 때마다 그에 호응하듯이 신곡을 발표하는 것. 우선 '차가운 텐차'의 발매와 맞추어 「히야시텐차HIYASHI-TENCHA」[***]라는 곡을 선보였습니다.

그러자 순식간에 빅터 엔터테인먼트라는 대기업에서 음원 출시를 제안해 인디 밴드에서 벗어나게 되었습니다. 「퀵 저팬Quick Japan」이라는 잡지에 연속 기사가 나가 화제도 모았죠. 그 뒤에 닭튀김덮밥이나 새우튀김덮밥 등을 소재로 차례차례 신곡을 발표했고, 그에 발맞추어 새로운 메뉴도 인지도를 높였습니다.

록밴드가 하나의 미디어(매체)가 된 것입니다.

그 일을 하면서 가장 기뻤던 것은 적은 예산이라는 제약 안에서 '상품 발매에 맞춰 노래를 발표하는 밴드'라는, 기존의 광

[*] 보통 텐차는 튀김에 따뜻한 육수로 우린 차를 부어서 먹는 요리다.
[**] 위스키 등을 마실 때 잔에 차가운 얼음을 넣어 마시는 것을 가리킨다.
[***] '차가운 텐차'의 본래 이름이 '히야시텐차(冷やし天茶)'다.

고에서 벗어난 기획을 만들어냈다는 점이었습니다.

'기메조'와 '로열호스트' 등의 일을 하면서 스스로 납득하는 일이란 무엇인지 직접 체감했습니다. '뭔가 정석에서는 완전히 벗어났지만 즐거워. 이렇게 광고업계라는 세계의 한구석에서 나만의 속도로 일할 수 있으면 좋겠다.'라고 생각하기 시작했고요.

그렇지만 제 인생은 궤도 수정을 크게 할 수밖에 없는 상황으로 빠져들었습니다.

"도대체 광고는 그동안 무엇을 해왔던 것일까?"

30대 초의 어느 날, 커뮤니케이션 디렉터인 '사토나오' 씨가 블로그에 쓴 글을 읽었습니다. 샤프와 소니 등 가전제품 제조사들의 실적 악화가 문제시되고 있을 때였습니다.

2013년 3월 25일
최근 광고업계 사람들과 이야기하다가 "샤프와 파나소닉과 소니의 쇠락을 어떻게 생각해요?"라고 물어보곤 한다. 그럴 땐 좀 절망적인 기분이다. 누구도 그 쇠락을 부끄러워하지 않기 때문이다. 적어도 내가 이야기해본 사람들은 감을 잡지 못했고, 적극적으로 부끄러워하는 사람은 만나보지 못했다. "그 때문에 광고 매출이 떨어졌어."라며 푸념하는 사람이 많았고, 심지어 어떤 사람은 객관적으로 (남 일이라는 듯이) 각 제조사의 전략 실수와 제품을 개발하는 자세 등을 비판하기까지 했다. 뭐, 무슨 마음인지는 이해한다. 하지만 더 부끄러워해야 하지 않을까. 광고인, 혹은 광고회사는 샤프와 파나소닉과 소니의 쇠락을 자신의 수치로 여겨야 한다. 더욱 반성하고 자신들의 방식을 바꿔서 전과 다른 자세로 광고주와 마주해야 한다고 나는 생각한다. 샤프와 파나소닉과 소니가 지금까지 얼마나 많은 광고비를 썼는가. 우리 광고인과 광고회사는 상품 광고뿐 아니라 이미지 광고, 브랜드 광고, 행사, 판촉 등을 이용하여 샤프와 파나소닉과 소니의 팬을 만들려고 했다. 적어도 그런 목표를 세우고 광고 커뮤니케이션을 구상해왔을 것이다. 그렇지만 일반 소비자는 다른 제조사에서 조금 좋은 제품이나 저렴한 상품이 나오자 금세 그쪽으로 가버렸다. 팬들의 응원도 (일부를 제외하면) 들리지 않고, 실적 악화를 막아주기 위해 일부러 제품을 구입해주는 일도 일어나지 않았다. 도대체 광고는 그동안 무엇을 해왔던 것일까?

머리를 두들겨 맞은 듯한 충격을 받았습니다.

저는 스스로 발버둥을 치면서 나름대로 일하는 방식을 모색

해왔다고 생각했습니다. 하지만 애초에 '광고회사의 존재 가치는 무엇일까?'라는 고민부터 해야 했던 것입니다.

그리고 뒤이어 저에게 한 번 더 강한 충격을 주는 사건이 일어났습니다.

생후 3개월 아이의 눈이
보이지 않는 것을 알게 되다

그 일은 전혀 예상하지 못했던 것이었습니다.

2013년 1월 저희 부부의 첫째 아이가 태어났습니다. 기운 넘치는 남자아이였지요. 뭐가 뭔지 알 수 없는 일들이 이어졌지만, 원래 아이를 좋아했기 때문에 하루하루가 무척 보람찼습니다.

그렇게 석 달 정도 지났을 무렵, 사토나오 씨의 블로그를 읽고 그다음 달의 일이었습니다.

아이의 눈이 충혈되어 있었습니다. 아내는 "조심하는 게 좋으니 의사 선생님한테 봐달라고 할게."라며 집 근처의 안과에 아이를 데려갔습니다.

아이를 진찰한 의사 선생님은 심각한 표정으로 아내에게 말했다고 합니다.

"이상이 있는데, 저희가 감당할 수는 없습니다. 큰 병원에서 다시 진료를 받아보세요."

그날, 도중에 일을 접고 서둘러 집으로 돌아갔습니다. 아들은 평소와 다르지 않아 보였습니다. 하지만 우리 앞의 풍경은 완전히 달라져버렸습니다.

두려워하면서 '눈 충혈' '눈 장애'라고 인터넷에서 검색해보니 그때까지 제가 전혀 몰랐던 눈과 병의 세계가 펼쳐졌습니다. 안구를 적출하는 사례까지 있더군요. 충격적인 검색 결과에 현기증이 났습니다. 어제까지만 해도 그저 평범한 생활을 하고 있었는데, 대체 앞으로 아이에게 어떤 일이 벌어질까?

이튿날, 도쿄에서 가장 큰 어린이병원으로 아이를 데려가니 곧장 몇 가지 검사를 받게 했습니다. 그리고 진단명이 분명해졌습니다.

아들의 오른쪽 눈은 '망막형성이상', 왼쪽 눈은 '망막주름'이라는 선천성 장애였습니다. 녹내장과 백내장도 동시에 일어나 있었습니다. 간단히 말해, 아들의 눈이 보이지 않는다는 사실을 알았습니다.

녹내장과 백내장이 진행되면 현기증이나 메슥거림 등의 증상이 나타날 수 있기 때문에 수술을 받기로 했습니다. 태어나 반년도 지나지 않은 몸으로 5월에 한 번, 7월에 또 한 번.

생명에 지장은 없었지만, 눈이 보이는 일은 없을 것이라는 현실을 받아들일 수밖에 없었습니다.

'다 끝났다.' 그렇게 생각했습니다.

카피를 쓰지 못하는 카피라이터

그날부터 일이 손에 잡히지 않았습니다.

당시 제가 담당하던 것은 제 특기인 '좀 웃긴 일'이었습니다. 유머를 좋아하고 잘하기도 했기에 저는 (오해를 무릅쓰고 말하면) 살짝 쓸모없는 것들을 생각하며 일하고 있었습니다.

그랬지만⋯ 전혀 개그를 떠올릴 수 없었습니다. 카피 한 줄 쓸 수 없었고, 기획도 떠오르지 않았습니다.

예를 들어 초콜릿 광고. 주인공은 초콜릿을 무척 좋아하는 학생 초코. 초콜릿을 너무 먹어서 수업에 지각하지만 "초코, 레이트late, 늦다."라고 말장난을 하며* 그 자리를 모면하고⋯ 아니, 틀렸어. 재미라고는 없어.

머릿속이 절망으로 가득 차서 저는 더 이상 전처럼 일을 할 수 없었습니다.

* 일본에서 초콜릿을 '초코레토(チョコレート)'라고 발음하는 점을 이용한 말장난.

장애 당사자 200명을 만나다

그 뒤로 희망을 찾기 위한 여행이 시작되었습니다.

아들의 병이 판명되자 그때껏 한 번도 의식하지 않았던 '장애인'이라는 존재에 주목하기 시작했습니다.

그러고 보니 프랑스에서 알고 지내던 일본인 가족 중에 지적장애가 있는 남자아이가 있었지. 미국에서 다니던 학교에도 시각장애 여성이 있었어. 지금까지 제 일만으로 벅차서 그런 사람들에게 눈을 돌릴 여유가 없었습니다. 초등학교 4학년 때 학원 시험지에서 "귀가 들리지 않는 여자아이는 눈이 정말로 '펄펄' 소리를 내며 내린다고 생각했습니다."라는 지문을 읽고, '나보다 세계가 훨씬 다채롭겠다.'라고 어린아이 나름대로 생각했지만요.

손대서는 안 된다고 생각했기 때문인지 제가 그런 정보의 우선순위를 낮추고 있었다는 것도 깨달았습니다. 그제야 회사와 집을 오가면서 휠체어 탄 사람이나 흰 지팡이[*]를 짚고 걸어가는 사람이 눈에 들어오기 시작했지요.

그렇지만 저는 그들과 직접 이야기를 나눈 적이 없습니다.

---

[*] 시각장애인이 길을 안전하게 걷기 위해 사용하는 지팡이로 흰 지팡이는 시각장애인의 자주성을 상징한다. 세계맹인연합회는 매년 10월 15일을 '흰 지팡이의 날'로 제정해 시각장애인의 권리 보장과 올바른 이해를 촉구하고 있다.

행복할까. 눈이 보이지 않는 아이는 어떻게 키워야 할까. 어른이 되면 무슨 일을 할까.

아내와 함께 아들을 돌보면서 지푸라기라도 붙잡는 심정으로 책을 많이 읽었습니다. 그런데 애초에 책을 찾기가 어렵더군요. 온라인 서점에서 검색해봐도 절판되었거나 독자 서평이 없는 것이 대부분이었습니다. 직접 서점에 가봐도 어느 책장에 꽂혀 있는지 알 수 없었고요.

'장애인 행복' '장애인 복지' '시각장애 육아' '시각장애 일' 등 떠오르는 말을 전부 검색해서 서른 권 정도를 모아 닥치는 대로 읽었습니다. 하지만 정보가 너무 낡거나 구체적이지 않아서 '요즘은 스마트폰으로 쉽게 할 수 있는 일이잖아.'라는 생각이 드는 내용도 많았습니다.

더 이상 집에서 고민해봤자 방법이 없었습니다. 그래서 생각했습니다. '장애 당사자를 만나러 가보자.'

우선 지인 중에 한 명, 가벼운 정신장애가 있는 사람이 있었습니다. 그에게 잠시 시간을 달라고 부탁했습니다.

"어떻게 성장하셨어요?" "왜 지금 하는 일을 시작하셨어요?" "꿈은 무엇인가요?" 그렇게 단도직입적으로 질문했습니다.

그의 이야기를 꼬박 한 시간 동안 듣고 이렇게 물어보았습니다. "또 다른 좋은 분을 소개해주실 수 있을까요?"

장애 당사자를 만나고, 이야기를 듣고, 그 자리에서 다른 사람을 소개받고, 다시 다음 사람을 만나러 가고. 장애가 있는 당사자뿐 아니라 당사자의 가족, 당사자를 채용한 경영자까지. 전부 헤아리면 석 달 동안 대략 200명을 만났습니다.

장애 당사자와의 만남, '새로 배움'의 시간

저는 점점 미지의 세계로 빠져들었습니다. 의외로 만나는 사람마다 '재미있는' 일화를 들려주었거든요.

예컨대 어느 시각장애인의 이야기.

"파리지앵처럼 테라스에서 페리에(탄산수)라도 마셔볼까 하고 폼 잡으면서 병을 입에 댔어요. 그런데 맛이 영 이상한 거예요. 아내가 저한테 '왜 간장을 마시고 있어?'라고 하더라고요."

병 모양이 비슷했던 거군요.

또 의족을 달고 있는 어느 분의 이야기.

"자전거를 타고 가는데 자동차랑 부딪칠 뻔해서 피하다 넘어졌어요. 다행히 다치지는 않았는데, 의족이 똑 떨어진 거예요. 그걸 보고 운전하던 사람이 '꺄! 다리가 떨어졌어!'라고 소리를 지르는데. 바로 '아, 괜찮아요.'라면서 다리를 꾹 끼우니까 다시 '꺄!' 하더라고요."

아무튼 여태 한 번도 들어본 적 없는 이야기들이 끊임없이 튀어나왔습니다.

그들의 일화는 그저 '재미있는 것'만은 아니었습니다. 그들의 생활이나 삶의 방식 자체에 새로운 발견이 가득했지요. 어려움을 넘어서는 법, 자신을 받아들이는 방식, 인생에 대한 생각, 행복과 풍요에 대한 정의. 그런 사고방식들을 접하며 저는 큰 공부를 했습니다.

왜 지금까지 그들과 관계를 맺지 않았을까? 진심으로 분할 만큼 눈앞에 '신대륙'이 무한히 펼쳐졌습니다. 마치 어릴 적에 세계를 전전하다가 말이란 재미있구나 처음 깨달았을 때처럼.

조금씩 아들의 인생을 그려볼 수 있었습니다. 눈이 보이지 않아도 이렇게 공부할 수 있고, 저렇게 일할 수 있겠구나.

처음에는 '우리 가족을 위해서'라고 생각하며 시작했지만, 어느새 저 스스로가 그들과 함께 있고 싶어서 장애 당사자를 만나러 가게 되었습니다.

한 차례 텅 비어버렸던 저는 꿀꺽꿀꺽 물을 들이켜듯이 새로운 발견과 놀라움으로 스스로를 다시 채웠습니다. 그 과정은 그야말로 '언런unlearn', 기존에 배웠던 것을 잊고 새롭게 배우는 기회였는지도 모르겠습니다.

'극복할 것'이 아니라
'살려야 할 것'

새로 배우는 날들이 이어지며 길을 잃기도 했지만, 그러다 앞길을 밝혀주는 빛 같은 이야기를 들었습니다. 앞서 소개했던, '한 손으로 불을 켜는 라이터'와 '구부러지는 빨대'는 '장애가 있는 사람과 함께 발명한 것'이라는 이야기였지요. 최근에는 아이폰이나 은행의 ATM 기기도 비슷한 경우라는 이야기를 들었습니다.

아들에게 장애가 있다는 사실을 알고 저는 절망적인 기분에 빠졌습니다. '장애가 있다 = 불쌍하다'라는 등식이 제 속에 있었기 때문입니다.

그렇지만 '잠깐만.'이라고 마음속으로 중얼거렸습니다.

'한 팔밖에 없어. 성냥으로는 불을 켤 수 없어. 절체절명이었을 거야. 그랬는데 어느새 동료가 나타나서 라이터라는 세기의 발명품이 탄생했어. 이렇게 극적인 역전이 있을까!'

그 이야기를 알고 단숨에 시야가 확 트였습니다.

못하는 일을 억지로 극복하지 않아도 괜찮아. 사회를 바꾸면 돼.

제 일에 활로가 보이는 것 같았습니다.

내가 할 줄 아는 '광고'로 장애 당사자를 비롯해 이른바 '마

이너리티'라고 불리는 이들의 과제를 해결하고 그들의 가치를
빛나게 할 수 있지 않을까.

업계 밖으로
한 발 나가서 얻은 것

마이너리티, 즉 소수자와 약자를 기점으로 삼아 이런저런
일들을 해보면 어떨까.

머릿속에 이런 생각을 품고 있던 2014년, 일본시각장애인축
구협회의 마쓰자키 에이고 씨와 만났습니다.

시각장애인 축구 체험 행사를 일반인 대상으로 열고 있지
만, 더욱 인지도를 높여서 많은 사람들을 모으고 싶다. 무언가
좋은 아이디어가 없을까? 마쓰자키 씨의 요청에 저는 앞서 이
야기했듯 'OFF T!ME(오프 타임)'이라는 이름을 제안했습니다.

그 일이 저에게는 '두 번째 데뷔'였습니다.

아들의 장애를 알고 한동안 저는 아무런 아이디어도 떠올리
지 못했습니다. 하지만 '눈이 보이지 않는다'는 일종의 '약함'
이 관점을 달리해서 보면 새로운 가치가 된다는 것을 깨달았
습니다. 그 결과 '다른 관점으로 보기'야말로 제가 할 수 있는
일이라는 걸 배웠지요.

그 일을 계기로 일본시각장애인축구협회에서 프로 보노pro bono(자원봉사자)로서 홍보와 마케팅을 도와주지 않겠냐는 요청을 받았습니다. 마침 4년마다 열리는 시각장애인 축구 세계선수권대회를 그해 11월 일본에서 처음 개최하게 된 것입니다.

저는 한 줄 카피를 제안했습니다.

"보이지 않아. 그뿐."

회사에서 일할 때처럼 평소와 다르지 않은 마음가짐으로 카피를 생각하고 제안했습니다. 그런데 평소와 전혀 다른 반응이 돌아오더군요.

"이 카피 대단해!" "진짜 멋있다!"…이거 참, 듣는 제가 부끄러울 만큼 칭찬을 받았습니다. 지금까지 여러 광고 카피를 생각해냈지만, 그토록 감사를 받은 적은 없었습니다.

카피가 들어간 포스터가 공개되자 저명한 이들이 공유해주어 온라인에서 점점 퍼져 나갔습니다. 세계선수권대회는 개막 전부터 완벽히 매진, 장애인 스포츠 대회로서는 이례적으로 흥행에 성공했죠.

물론 일본시각장애인축구협회가 오랫동안 쌓아올린 성과가 빛을 발한 결과일 것입니다. 하지만 제가 쓴 카피도 조금이나마 흥행에 일조했습니다.

마쓰자키 씨는 한 웹미디어에서 세계선수권대회의 성과에 대해 다음처럼 말했습니다.

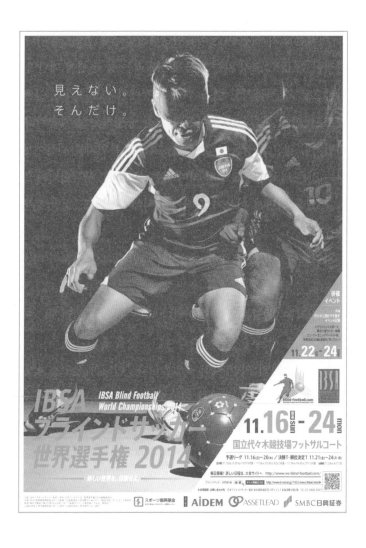

2014년 일본에서 개최한 시각장애인 축구 세계선수권대회의 포스터.
왼쪽 상단의 카피. '보이지 않아. 그뿐.(見えない. そんだけ.)'

"개막전 표가 매진된 건 아슬아슬하게 2~3일 전이었습니다. 관객이 한 명도 오지 않는 악몽에 시달리는 등 흥행에 대한 압박감으로 꽤 힘들기도 했죠. 하지만 장애인 스포츠라도, 유료라도, 이만큼 사람들이 찾아온다는 걸 증명하고 싶었습니다. 이번처럼 많은 사람들이 찾아오는 자리와 분위기를 만들어냈다는 것은 저희에게도 무척 의미 있는 성과라고 생각합니다."

그 일을 하면서 마쓰자키 씨가 기뻐해주어 저도 정말 뿌듯했습니다.

사람들에게 아들에 대한 이야기를 하면 대체로 반응이 비슷합니다.

'물어서는 안 되는 걸 물어버렸다.'라는 듯 흠칫 놀라거나 어색한 표정을 짓거나 경우에 따라서는 눈물을 흘리거나.

오직 마쓰자키 씨만 씨익 웃었습니다. "미래의 선수를 찾았다."라면서요. 아들을 불쌍히 여기지 않고 필요하다고 하는 사람이 있다. 그날 처음으로 그렇게 느꼈습니다.

이 사람을 돕고 싶다고 진심으로 생각했습니다. 고객이 아니라 한 사람의 인간으로서. 이 사람을 위해 내 능력을 발휘하고 싶다고 바란 것이죠.

그동안 대수롭게 않게 여기며 하던 일인데, 업계 밖으로 한 발 나가보니 가치 있는 것으로 받아들여졌습니다. 몰랐습니다. 광고를 만드는 능력이 얼마나 사회에 공헌할 수 있을까? 그런 의문이 있었는데, 누군가에게 그토록 기쁨을 줄 수 있다니.

물론 제가 그 전에 일했던 분야의 경제 규모와는 자릿수부터 크게 다르고, 아주 작은 순환이 일어났을 뿐이지만 저는 뚜렷한 반응을 느꼈습니다.

시각장애인 축구와 인연을 맺음으로써 저는 다시 한 번 카피라이터라는 직업의 가능성을 믿을 수 있었습니다.

약한 것을 강하게 하는 편이
재미있을 것 같아

그 뒤로 장애 당사자들과 대화를 나눌수록 점점 시간이 부족해졌습니다. 전처럼 그들의 이야기를 듣기만 하는 데서 끝나지 않았기 때문입니다. 상대방이 "제 얘기 좀 들어보실래요?" "실은 이런 일 때문에 애를 먹고 있어요." 하고 저에게 상담을 하기 시작한 것입니다.

"그건 흥미로운데요!" "이렇게 더 해보면 어떨까요?" …저는 데자뷔를 느꼈습니다. '어? 이거 광고 일이랑 완전히 똑같잖아.' 의뢰인과 상의하고, 아이디어를 좁히고, 제안하고, 구현하기 위해 여러 사람의 힘을 빌렸습니다. 그야말로 광고와 같았지요.

그렇지만 제가 지닌 기술을, 아이디어를, 재능을, 소중한 사람을 위해 사용했다는 '보람'이 전과는 전혀 달랐습니다.

과감히 말하면, 그때까지 했던 것은 '애초에 강했던 것을 더 강하게 만드는 일'이었습니다. 비유하면 '세계 최고 축구팀인 레알 마드리드를 도와주는 것' 같았죠. 그렇지만 광고 창작자란 사실 그보다 훨씬, 훨씬, 훨씬, 훨씬, 훨씬, 훨씬 넓은 영역에서 일하며 활약할 수 있지 않을까요.

저는 그때까지 카피라이터로서 광고 기획자로서 수많은 기업을 도왔습니다. 대부분은 이른바 대기업이었죠. 돈을 마음껏 쓸 수 있는 곳은 아무래도 강할 수밖에 없습니다.

2000년대 초반 스페인의 프로축구팀 레알 마드리드는 강력한 자금력으로 여러 스타 선수들을 모아서 '갈락티코galáctico' (은하계)라고 불릴 정도였습니다. 그 팀으로 유럽 최고의 프로 축구팀들이 벌이는 챔피언스리그를 재패했고요. 대기업의 광고 선전에 힘을 보탠다는 건 레알 마드리드 같은 강호를 더욱 단단하고 강력하게 만드는 것과 비슷합니다. 그 일은 극단적으로 말해 '100을 101로 만드는 일'과 같습니다.

그렇지만 소수자의 세계로 눈을 돌리면 그곳에는 아직 널리 알려지지 않은 것들이 산더미처럼 있습니다.

1이나 5 정도 되는 것이 어떤 포장도 없이 굴러다니는데, 누군가 눈길을 주길 숨죽인 채 기다리고 있습니다. 그리고 저 같은 창작자가 빛을 비추면 1이나 5에서 50이나 70 정도로 올라

갈지도 모릅니다.

그처럼 아직 눈에 띄지 않은 소수자는 사회복지의 세계 밖에도 수없이 숨어 있을 게 틀림없습니다.

광고를 생각할 때처럼
인생의 콘셉트를 생각하다

그렇게 저는 제가 일하는 방식을 재정의하기에 이르렀습니다.

광고주에게 광고를 제안할 때는 항상 '콘셉트'를 내밉니다. 앞으로 기획이 길을 잃지 않게끔 높은 곳에서 조망하며 전체를 꿰뚫는 한 가지 개념을 언어화합니다.

저는 새삼 그 공정을 진행해보기로 했습니다. 단, 저 자신을 광고주 삼아서 말이지요.

제 아들은 이른바 약자, 소수자입니다. 수많은 사회 구조가 다수결로 성립되는 이상 아무리 시간이 지나도 그 아이가 살기 좋은 세계가 찾아오지는 않을 것입니다. 목소리 크기 대결에서 소수자는 좀처럼 이길 수 없으니까요.

그렇지만 소수자야말로 사회를 나아가게 할 수 있는 단서를 지니고 있습니다.

제 친구 중에 라일라 카심이라는 여성 디자이너가 있습니다. 그는 일본에서 성장한 영국인으로 휠체어 이용자입니다. 간단히 표현하면 '소수자 덩어리' 같은 사람인데, 스스로를 '1인 UN'이라고 부르면서 자신의 소수자 특성을 적극적으로 활용하고 있습니다. 지금은 여기저기서 함께 일하려고 야단이죠.

광고인의 일이란 기업의 '차별화'를 돕는 것이기도 합니다. 즉, 기업의 독특한 부분을 어떻게 갈고닦을까 고민하는 일이죠. 그런 점에서 장애 당사자가 지닌 독자성은 무척 매력적입니다. 기업과 광고회사가 필사적으로 매달리는 차별화 경쟁에서 장애 당사자들이야말로 압도적으로 유리하지 않나 싶기도 합니다.

그와 같은 '소수자 선배'들에게서 많은 가르침을 받고 저는 생각했습니다.

오늘날 이런저런 이유로 '장애'라 여겨지는 것들에서 가치를 발견하고 싶다.

아니, 그뿐 아니라 모든 사람의 내면에 있는 '약점' '서투름' '못하는 것' 등 소수자 특성을 활용해 이 사회를 더욱 좋게 만들 수 있다면. '생각지 못했던 좋은 미래'가 펼쳐지지 않을까.

'마이너리티 디자인'. 소수자를 기점으로 세계를 더욱 좋은 곳으로 만들자. 그것을 제 인생의 콘셉트로 삼자고 결의했습니다.

'수직'으로 보면 막혀 있지만,
'수평'으로 보면 무한한 가능성

깨달은 사실이 있었습니다.

일을 하며 덧없다고 느꼈던 이유, 그리고 스스로가 무력하다고 느낀 이유는 내 능력을 쏟아부을 곳을 잘못 골랐기 때문인지도 모른다고요.

제 머릿속 한구석에는 항상 '체념'이라는 말이 있었습니다.

'도대체 광고는 그동안 무엇을 해왔던 것일까?' '아빠가 광고를 만들어봤자 시각장애가 있는 아들은 볼 수 없잖아.'

그렇지만 제가 제안한 말과 아이디어가 사회복지의 세계에 천천히 진하게 스며드는 것을 보고 생각했습니다.

'아직도 할 수 있는 일이 있구나.'

애초에 카피라이터의 일이란 대상이 무엇이든 발견 혹은 재발견을 한 다음 이런저런 방법으로 말로 표현해 한 명이라도 많은 사람들에게 전달하는 것입니다. 저는 맡은 일을 다양한 각도에서 바라보고 가장 빛날 곳에 빛을 비추었습니다. 최고인 날도 최악인 날도 20대부터 계속 그런 일들만 반복해왔지요.

아들이 태어나고, 전부 초기화되어버렸다고 생각했습니다. 하지만 그렇지 않았습니다. 광고회사에서 기른 기술과 경험이 온전히 제게 저장되어 있었습니다. 제자리걸음을 하던 날들에도 분명히 의미가 있었습니다.

착실하게 매일매일 쌓아올린 것을 아직 미개척지인 사회복지의 세계에서 활용할 수 있음을 깨달았습니다.

어쩌다 보니 광고회사에서 일하며 수천만 명을 향해 쏟아붓던 저의 창조성을—아들이라는 단 한 사람을 위해—사회복지의 세계로 옮길 기회를 얻었습니다.

'오프 타임'도 '보이지 않아. 그뿐.'도 실은 아이를 위해 쓴 카피이기도 했습니다.

앞으로 펼쳐질 아이의 인생을 생각할 때 '보이지 않아. 그뿐.'이라고 단언하고 싶었습니다. 눈이 '오프(OFF)'인 채로도 타인과 다채롭게 소통하는 시각장애인의 일면을 많은 사람들이 알아주길 바랐습니다. 아이를, 아이의 인생을 소리 높여 긍정하겠다는 강한 마음이 있었습니다. 그 때문에 결과적으로 많은 사람들에게 가닿았는지도 모릅니다.

일을 하는 데 있어 '운명의 사람'을 만났다고 생각합니다.

운명의 사람이 지닌 소수자 특성을 기점으로 제가 지닌 모든 능력을 사용해 이 세계를 단 1밀리미터라도 좋게 바꾸고 싶었습니다. 제 생명을 연료 삼아 제가 할 수 있는 일을 완수하겠노라 결의했습니다.

모든 일은 '재능의 사용법을 전환'하는 것에서 시작되었습니다.

저의 재능을 '수직'으로 올려다보면 막혀 있을 뿐입니다. 위에는 더 위가 있게 마련이니까요. 스타 광고인, 천재적인 상사, 맹활약하는 동기…. 예능의 세계에 비유하면, 인기 있는 중진 연예인이 한참 동안 간판 프로그램을 꿰차고 있는 것과 비슷합니다.

스포츠의 세계라면 위대한 기록을 남긴 선배라 해도 운동능력이 떨어져서 언젠가 은퇴하겠지만, 비즈니스의 세계에서는 대체로 축제장의 화장실처럼 긴 줄이 생겨버립니다.

그렇지만 '수평'으로 전환해 현장을 바라보면 생각지 못했던 활용법이 눈에 들어옵니다. 그렇다면 그 전환을 어떻게 하면 될까요?

다음 장에서는 장애 당사자 친구들과 함께 제가 실제로 진행한 프로젝트를 소개하면서 세 가지 핵심을 정리해보겠습니다.

① 광고업계(본업)에서 기른 능력을 광고업계(본업) 밖에서 활용하기
② 대중(누군가)이 아니라 한 사람(당신)을 위해 일하기
③ 쓰고 버리는 패스트 아이디어가 아니라 지속 가능한 아이디어로

이 세 가지 전환을 했을 때 마이너리티 디자인을 시작할 수 있습니다.

2장

재능의
사용법을
전환해보자

본업에서 벗어나기,
대중이 아닌 한 사람을 위해,
패스트 아이디어보다
지속 가능한 아이디어로

Weak
is the
new strong

의족을 패션으로, '절단 비너스 쇼'

2015년 1월 4일, 저는 니시오기쿠보의 패밀리 레스토랑에 있었습니다.

눈앞에 앉아 있는 사람은 패럴림픽 전문 카메라맨 중 1인자인 오치 다카오越智 貴雄 씨. 그 옆에는 일본에서 손꼽히는 의지·보조기 기사* 우스이 후미오臼井 二美男 씨.

그날로부터 반년 전에 두 사람은 의족을 단 여성들의 사진집인 『절단 비너스』**를 출판한 바 있었습니다. 오치 씨가 장애인 운동선수를 촬영했던 기존 작품과 달리 장애를 가진 일반인을

---

* 의수, 의족을 비롯해 신체장애를 보완하기 위한 의지(義肢)와 보조기의 제작·수리·장착을 전문적으로 하는 사람. 의지·보조기 기사는 한국에서 쓰는 명칭이며 일본에서는 의지장구사(義肢裝具士)라고 한다.
** 『切断ヴィーナス』白順社 2014.

모델로 촬영하여 만든 사진집이었죠.

그날의 화제는 2월에 열리는 카메라 및 영상기기 박람회 'CP+'. 두 사람은 그 박람회에서 "절단 비너스로 패션쇼를 해서 뭔가 재미있는 일을 만들고 싶다."라고 하더군요. 하루에 2만 명이 찾아오는 박람회에서 '반드시 관심을 모으겠다.'라는 강한 의욕이 생생하게 느껴졌습니다.

셋이서 차를 마시며 이야기를 하는데, 오치 씨가 눈을 커다랗게 뜨고 말했습니다.

"사와다 씨, 패션쇼의 연출을 맡아주지 않겠어요?"

커피를 뿜어낼 뻔했습니다. 직전까지 새해를 맞아 느긋하게 있었는데, 갑자기 긴장감이 닥쳐왔습니다.

애초에 저는 패션쇼 연출 같은 건 해본 적이 없었습니다. "글쎄요."라고 말은 했지만, 마음속으로는 '어떡하지.'라고 생각했습니다. 하지만 다른 후보도 없는 듯해서 (한 달 남짓밖에 없었으니까요!) 연출을 맡기로 했습니다. 냉정하게 생각해보니 평소에 광고를 만들며 했던 일을 하면 어떻게 되지 않을까 싶었거든요.

'제약'을 '날개'로 바꾸는 것이
창작자의 일

제가 일하고 있는 광고업계에서는 처음부터 '제약'을 전제에 두고 아이디어를 생각합니다.

텔레비전 광고를 예로 들면 기본 시간은 15초 또는 30초로 정해져 있습니다. 광고주의 자료에는 이미 '소비자에게 어필해야 하는 점'이 정리되어 있고요.

제약을 족쇄가 아니라 날개로 바꾸는 것이 광고 창작자의 일입니다.

그렇다면 제가 연출을 맡은 패션쇼의 제약은 무엇이었을까요. 일단 모델인 여성들이 거의 무경험자였고, 이른바 '모델 워킹'을 연습해본 적도 없었습니다. (애초에 의족으로는 매끄럽게 똑바로 걷기 어렵습니다.)

또 다른 제약은 박람회에 찾아오는 관람객과 관련한 것이었습니다. 카메라를 좋아하는 사람들이 각자 애용하는 기기를 들고 각 부스와 행사를 촬영하기 위해 오는데, 그들 대부분은 전문가가 아니기 때문에 관람객이 촬영하기 쉽도록 패션쇼를 연출해야 했습니다.

두 가지 제약을 함께 고려하며 좋은 아이디어를 떠올려보니 답은 금세 나왔습니다.

평범한 패션쇼에서는 모델이 차례차례 등장하여 무대를 시원시원하게 활보하고 무대 뒤로 사라집니다. 하지만 이번 쇼에서는 모델들이 걷는 시간을 되도록 짧게 하고, 오히려 멈춰 있는 시간을 늘리는 방향으로 연출해야겠다고 생각했습니다. 그것도 어중간한 정지가 아니라 아예 15초 이상 길게 취하는 포즈를 여러 번 끼워 넣으면 어떨까.

일곱 명의 모델이 각자 다섯 곳에 15초씩 멈춰서 포즈. 그러면 '모델 워킹을 할 수 없다'는 약점이 없어지고, 의족이라는 개성을 더 돋보이게 할 수 있습니다. 그리고 여러 차례 반복되는 극단적으로 긴 정지 시간이 관람객에게는 '누구나 좋은 사진을 찍을 수 있는 기회'가 되리라 생각했습니다.

눈 깜짝할 사이에 패션쇼 당일이 되었습니다.

그날 두 차례 쇼를 했는데, 첫 번째 쇼는 안절부절못한 채 불만족스럽게 끝나고 말았습니다. 어긋나는 순서, 긴장한 모델들… 40분 예정이었던 패션쇼가 18분 만에 종료되었습니다. '망했다.'라고 생각했습니다. 온몸이 땀에 젖었고 눈앞이 캄캄했죠.

그런데 패션쇼를 본 관람객들에게서 의외의 감상들이 들렸습니다. "멋있더라." "아름답던데." "왠지 기운이 나!"

제 연출은 최악이었습니다. 하지만 모델들의 매력은 진짜였습니다. 기회는 아직 한 번 남았어.

'절단 비너스 쇼'에 참여한 모델들.

　예정에 없던 회의를 만들어서 모델들에게 제가 직접 들은 반응을 그대로 전했습니다. '실패해버린 것 같아.'라고 생각하던 모델들이 놀라는 표정을 지었습니다.

　저는 당부했습니다. "여러분이 생각하는 것 이상으로 여러분은 무척 멋있어요. 그러니까 자신을 갖고 즐겁게 무대에 올라가주세요. 그리고 마음속으로 '이 세계는 내 것이다.'라고 외쳐주세요."

　두 번째 쇼.

　모델이 등장할 때마다 쏟아지는 갈채. 퇴장할 때는 멈출 줄 모르는 박수. 오치 씨와 우스이 씨 모두 흥분했습니다.

꿈같은 광경이 쇼가 끝난 뒤에 펼쳐졌습니다. 언론과 관람객이 일제히 모델들을 둘러싸고 연신 셔터를 누른 것입니다.

소름이 돋았습니다. 소수자라 할 수 있는 의족을 단 여성들을 사회가 '강하게 원하는' 장면이었으니까요. 그런 광경이 바로 눈앞에 있었습니다. 다채롭게 채색한 의족의 아름다운 디자인, 사고나 병으로 다리를 잃었다는 절망, 그럼에도 더욱 활기차게 살아가려는 강인함.

트위터를 확인해보니 관람객들이 촬영한 '절단 비너스 쇼'가 점점 퍼져 나가고 있었습니다. 그 뒤로 방송국과 신문, 나아가 로이터 같은 해외 언론까지 취재했습니다.

보이기 시작한
'마이너리티 디자인'

그 일을 하면서 저는 오치 씨와 우스이 씨, 그리고 의족을 한 모델들로부터 '마이너리티 디자인'의 진수를 배웠습니다.

장애인 보조기구인 의족을 완전히 새롭게 패션 아이템으로 재해석하는 대담함. 용기. 그리고 무엇보다 '가치를 전환시키겠다.'라는 기개.

그와 동시에 광고인인 제가 무엇을 할 수 있을지도 보이기 시작했습니다.

패션쇼를 진행하면서 딱히 무언가 진기한 것을 연출하지는 않았습니다.

예산은 한정되어 있고, 장소도 이미 정해졌고, 제약도 있다. 그런 조건들을 어떻게 조합해서 가치를 최대화할까?

저는 여느 때 광고를 만들 듯이 그 과제의 답을 생각했습니다.

프로젝트의 구성원 모두가 지침으로 삼을 콘셉트를 세우고, 정보의 확산력을 올리기 위해 이미지를 만들었습니다. 그처럼 '항상 하는 방법'을 사회복지의 세계에서 펼쳤는데, 평소의 몇 배나 추진력이 생기더군요.

절단 비너스 쇼는 점차 시부야, 롯폰기, 오사카, 교토 등 전국에서 계속 개최되는 쇼로 자리를 잡았습니다.[*]

시각장애인 축구에 이어 절단 비너스 쇼에 관여하면서 저는 점점 더 '마이너리티 디자인'에 빠져들었습니다.

어느 특정한 세계에 갇혀 있던 것을 발굴하고, 긍정적으로 다시금 정의하여, 가장 좋은 형태로 세상에 널리 전파하고 싶다고 말이죠.

* 2020년 개최한 절단 비너스 쇼의 영상을 다음 주소 또는 QR코드를 통해서 볼 수 있다. https://youtu.be/kZywl_-uss

고령화 문제를
역으로 이용한 '지팝'

장애인만이 소수자는 아닙니다.

일본에서는 이미 다수가 되어가고 있지만, 고령자도 어떤 의미로는 소수자입니다. 저는 장애 당사자들과 여러 프로젝트를 진행하면서 생각했습니다. '지방의 고령화 문제도 마이너리티 디자인으로 해결책을 찾을 수 있지 않을까.'

그렇게 태어난 것이 '지팝爺-POP'*입니다.

2016년, 고치현에선 주민 세 명 중 한 명이 65세 이상이었습니다. 일본에서 '고령 지자체 워스트 2위'라고 불렸죠.

우선 저는 '고령 지자체'가 아니라 '고령 선진 지자체'라고 관점을 바꿨습니다. 그리고 '워스트 2위'가 아니라 '베스트 2위'가 아닐까 생각했습니다. 실제로 만나보니 고치현의 할머니, 할아버지는 모두 대단히 활기 넘치는 분들이었습니다.

저는 그중에서도 '할아버지'들에게 주목했습니다. 왜냐하면 정년퇴직을 하고 할 일이 없어 집에도 있지 못하는 남성이 많다는 뉴스를 접했기 때문입니다. '할머니보다 할아버지의 소수자 특성이 강할지 모른다.'라는 가설을 세웠습니다. 저는 기운

---

* '지(爺, じい)'는 일본어로 할아버지를 뜻하는 '오지상(お爺さん)'에서 따온 것이다.

지팝의 데뷔곡 「고령 만세!」를 홍보하는 이미지.

넘치는 할아버지들에게 '할아버지 아이돌'이 되어달라고 부탁하며 고치현의 활기를 널리 발신하자고 제안했습니다.

그렇게 해서 탄생한 음악 그룹이 '지팝 from 고치가 올스타스爺-POP from 高知家 ALL STARS'입니다. 59세부터 81세까지인 멤버의 평균 연령은 67.2세.

사실 저는 예전부터 할아버지의 목소리를 무척 좋아했습니다. 사람은 나이 들며 팽팽하지 않은 기타의 현처럼 성대가 점점 늘어나서 목소리가 저음이 됩니다. 마치 땅을 기는 듯한 저음이죠.

텐동텐야 때 그랬듯이 작사·작곡은 제가 맡았습니다. 데뷔곡인 「고령 만세!」는 당시 유행하던 EDM(일렉트로닉 댄스 뮤직)을 접목한 빠른 곡이었지요. 가사에는 가다랑어와 유자 같은 고치현의 특산품, 시만토강四万十川을 비롯한 고치현의 명소를 꾹꾹 눌러 담았습니다.

참고로 당시 멤버인 다섯 명의 할아버지들을 소개합니다.

① 산해진미를 기꺼이 나눠주는 대장, 다니오카 씨: 휴게소 '미치노에키 오쓰키'의 직판장 출품자협의회 회장.
② 오쿠시만토 체험 리더, 오다카 씨: 나카토사의 가미노카에 어업협동조합 전무이사.
③ '환상의 죽순' 조합장, 야마모토 씨: 고치시의 나나쓰부 죽순가공조합 조합장.
④ 흔한가리비를 사랑하는 어부, 데키 씨: 나카토사의 흔한가리비 어부.
⑤ 영원한 마라톤 풀코스 러너, 야마다 씨: 기타가와무라 거주. 전국의 마라톤 대회에 출장.

모두 고치현청에서 엄선한 정예 멤버입니다.

이윽고 프로젝트가 시동을 걸었습니다. 유튜브에서 공개한 뮤직비디오의 조회수가 얼마 지나지 않아 40만을 넘어섰고, '할아버지들 진짜 멋있다!'라며 화제를 모았습니다. 유쾌하게 "하지만 기운 넘쳐 에브리바디 활력"이라고 노래하고 춤추는 할아버지 아이돌은 고치현뿐 아니라 전국에 폭발적으로 퍼져 나갔습니다.[*] 그리고 믿기지 않게도 유니버설뮤직이라는 대형 음반사에서 음원을 발매하기에 이르렀지요.

제이팝J-POP이 아닌 지팝G-POP이, 아니죠, '할배팝'이 음악계를 석권했습니다.

기세를 이어 발표한 두 번째 곡「I was young」은 클럽뮤직으로 가사가 모두 영어였는데, 뮤직비디오 조회수가 데뷔곡을 뛰어넘어서 무려 60만을 기록했고 해외에서도 화제를 모았습니다.

살아간다는 건, 판타-지爺 같아.

할아버지 아이돌은 전례가 없어서 반응이 어떨까 불안했지만, 고령화 문제는 모두에게 해당하기 때문에 군이 '아이돌'이라는 커다란 시장에 도전하고 싶었습니다.

이 프로젝트를 추진해준 재단법인 고치현지산외상공사高知県地産外商公社의 홍보전략과장 오가사와라 씨는 언론과 했던 인터

---

[*]「고령 만세!」의 뮤직비디오를 다음 주소 또는 QR코드를 통해서 볼 수 있다. https://youtu.be/mxc8OVhxXa0

뷰에서 다음처럼 말했습니다.

"고치현 바깥에 계신 분들에게도 계기가 되면 좋겠다고 생각했습니다. '밝고 활기찬 고치현'에 흥미를 갖는 게 중요합니다. 그러면 인터넷에서 고치현에 대해 찾아보게 마련이니까요. 그런 행동은 고치현으로 관광을 오거나 아예 이주하는 결과로 이어질 수 있습니다."

「고령 만세!」의 뮤직비디오를 촬영한 날, 촬영장이었던 공연장에는 많은 관객이 모여서 크게 환성을 질렀습니다.

도망칠 수 없는 상황에서 필사적으로 가사와 안무를 외우고, 몇 번씩 노래하며 춤춘 할아버지들. 처음에는 좀 주저했지만, 점점 '아이돌다운 표정'을 지었습니다.

그중에서도 리더인 다니오카 씨는 그날 다리 상태가 좋지 않아서 좀 쉬기를 권했지만, "아냐, 아이돌이니까."라며 촬영을 강행했습니다. 그런 모습에 한 젊은 여성은 "조지 클루니 같아!"라고 했습니다. "나는 야마다 할아버지의 팬이 될래!" 하며 신이 난 사람도 있었고요.

고령화 문제의 해결책으로 고치현에 대한 흥미와 관심을 불러일으킨 것은 물론 중요한 성과였습니다. 하지만 저에게는 무엇보다 할아버지들이 빛나는 순간을 본 것이 가장 기뻤습니다.

그리고 마이너리티 디자인이라는 기술의 범용성을 실감했습니다.

새로운 세계로
동료들을 데려가다

'시각장애인 축구'와 '절단 비너스 쇼'. 제 SNS에 '이런 걸 했습니다.'라고 소개하니 놀랍게도 회사 선배와 동료들이 관심을 보였습니다. "그런 방식이 너다울지도 모르겠다." 좀처럼 사람을 칭찬하지 않는 선배가 "앞으로 사회복지 관련 일을 쭉 해도 좋지 않을까?"라고 의견을 주더군요. "뭔가 할 일은 없어요?"라며 먼저 도움의 손길을 내민 아트 디렉터도 있었고요.

저는 좀 신기했습니다. '와, 모두 반대하지 않는구나!' '광고만 잘 만들면 된다고 하지 않고 응원해주는구나!'

저는 기쁜 마음에 흥미를 보인 동료와 후배들을 사회복지라는 새로운 세계로 끌어들였습니다.

한 사례를 이어서 소개하겠습니다.

약점과 강점을 서로 교환하는
신체 공유 로봇 'NIN_NIN'

어느 날, 시각장애가 있는 친구와 밥을 먹으러 갔다가 충격적인 이야기를 들었습니다. 시각장애인들은 횡단보도를 '용기와 배짱과 감'으로 건넌다는 것이었지요.

음성 안내가 설치된 신호등도 있지만, 그 수는 그리 많지 않습니다. 밤에는 '인근 주민을 배려'하여 음성 안내를 멈추고요. 비가 내리면 빗소리 때문에 자동차가 달리는 소리를 듣기 어렵습니다. 눈이 내리는 날은 모든 소리를 눈이 흡수해버려서 손쓸 수가 없습니다.

그럼에도 불구하고 시각장애인은 불만 한마디 없이 불안에 떨면서 횡단보도를 건넙니다.

그런 걸 그저 '세상일이란 그런 법이야.'라고 한마디로 정리해도 될까. 이만큼 기술이 진화한 오늘날이라면 무언가 방법이 있지 않을까.

광고는 광고주나 사내의 다른 팀이 연락을 준 날부터 일이 시작됩니다. 하지만 마이너리티 디자인은 '가까운 사람이 곤란하다.'라는 사실을 아는 것이 시작입니다.

시행착오가 이어지는 날들.

흰 지팡이를 개조하려 하거나, 안경과 비슷한 장치를 고안하거나…. 검증을 반복한 끝에 'NIN_NIN'(이후 닌닌)이라는 닌자 모양을 한 로봇이 완성되었습니다.

'닌닌'은 시각장애인이 어깨에 올려서 사용합니다. "아직 빨간불이야." 또는 "택시가 오니까 손 흔들어서 잡아." 하고 가려운 곳을 긁어주듯이 필요한 정보를 알려줍니다.

시각장애인의 어깨에 올라타 있는 로봇 'NIN_NIN'.

단, 로봇은 인공지능에 의존해 작동하지 않습니다. 인간에게 의존하지요.

장애와 병 때문에 누운 채로 생활하지만 눈이 보이고 말을 할 수 있는 사람들이 상당수 있습니다. 그런 사람들이 집이나 병실에서 모니터 너머에 있는 '닌닌'에 빙의해 시각장애인에게 자신의 눈을 공유해주는 구조를 고안했습니다. 반대로 시각장애인은 누워서 생활하는 사람들에게 다리를 공유해줄 수 있습니다. 집에 누워 있는 사람들은 모니터를 보며 시각장애인과 함께 외출한 듯한 느낌을 받는 것이죠.

한쪽이 다른 쪽을 도와주는 상하관계가 아니라 서로 신체 기능을 공유하는 것. 이것에 '보디 셰어링 시스템body sharing system'이라는 이름을 붙였습니다. 공유경제가 번성하는 시대에 집이나 자동차 같은 물질적인 것이 아니라 신체를 공유하자는 콘셉트입니다.

인공지능을 탑재해 우수한 화상인식 기능과 센서로 공간을 파악하고 시각장애인을 안내하는 해결 방법도 있을 것입니다. 하지만 사람과 사람을 연결해주는 로봇을 만들고 싶었습니다. 새로운 사람과 만나서 소통하고, 나아가 약점과 강점을 교환하여 서로 도울 수 있게 해주는 로봇.

그런 로봇은 결과적으로 장애의 유무와 상관없이 지금을 살아가는 모든 사람에게 과제가 되고 있는 '고독'과 '무력감'에 대한 일종의 답이 되리라 생각했습니다.

그렇게 콘셉트는 세웠습니다. 그러면 어떻게 실현할까요?

그 무렵 만난 사람이 로봇 연구자 요시후지 오리吉藤 オリィ 씨입니다. 오리 씨는 누워서 일어나지 못하는 사람도 원격조작을 할 수 있는 분신 로봇 '오리히메OriHime'를 개발하여 보급하고 있었습니다.

'닌닌'에 대해 이야기를 나누고 의기투합했습니다. 거기에 회사 선배인 아트 디렉터 이토켄 씨, 후배인 발명가 다카하시 고스케, 기획자 오타키 아쓰시가 합류하여 프로젝트가 시작되었습니다.

2018년 11월, '닌닌'이 데뷔했습니다.

시각장애인 축구 선수인 가토 겐토 씨에게 한 시간 정도 '닌닌'을 사용해달라고 한 적이 있습니다. 체험을 마친 가토 씨가 어깨에서 '닌닌'을 내려놓으며 문득 말했습니다.

"헤어지려니 좀 쓸쓸하네요."

로봇과 떨어져서 쓸쓸한 게 아니라 로봇 속에 들어온 사람을 느꼈기 때문일지도 모릅니다.[*]

작은 아이디어는
커다란 파도가 된다

"신호등 앞에서 안절부절못하다가 그만 약속 시간에 늦어버렸어."

"비가 내린다는 이유만으로 약속을 취소하기도 해."

시각장애인 친구가 신호등에 애를 먹고 있다. 이 고민에서 비롯된 '닌닌'은 항공사 전일본공수와 부동산 회사 라이풀 LIFULL 같은 곳의 협찬을 받았습니다. 장애인뿐 아니라 관광 가이드를 보조할 수는 없을지 실험을 시작하면서 사업으로 틀이

---

[*] '닌닌'의 공식 홍보 영상을 다음 주소 또는 QR코드를 통해서 볼 수 있다. https://youtu.be/91BjginKFeU

잡혀가고 있지요. 꼭 사업 현장이 아니더라도 다리가 불편한 할아버지가 '닌닌' 속에 들어가서 손주와 함께 여행을 떠날 수 있을 겁니다.

프로젝트에 참여해준 후배들은 이렇게 말했습니다.

"제 열정을 출발점 삼아서 만들고 싶은 세계를 그려도 되는군요."

"꿈꾸는 세계와 똑바로 마주 봐도 괜찮은 거였어요."

"작은 아이디어를 조금씩 길러내면 한순간에 소비되는 것이 아니라 커다란 파도도 만들어낼 수 있네요."

영어로 '작다'를 뜻하는 'small' 속에는 '모두'를 뜻하는 'all'이 있습니다. 친구를 위해, '한 사람'을 위해 시작한 작은 일에는 모두를 위한 것이 될 커다란 가능성이 숨어 있었습니다.

'한 사람'을 위한
패션을 개발하다

이번에는 패션기업 유나이티드 애로우즈와 손을 잡고 진행한 '041올 포 원'이라는 프로젝트를 소개합니다.

장애가 있는 친구들과 이야기하다 일상적으로 입는 옷에도 해결해야 할 이런저런 과제가 있다는 것을 알았습니다.

"마비가 있어서 바지나 스커트를 입고 벗기가 어려워." "눈이 안 보이니까 어떻게 코디를 하면 좋을지 모르겠어." "나한테 맞는 사이즈가 없어." 이런 문제를 어떻게 해결할 수 없을까.

그러던 와중에 지인이 중개해주어서 유나이티드 애로우즈와 연이 닿았습니다.

첫 회의 자리에서 "실은…." 하고 제 친구들의 고민을 공유했는데, 다들 "네?" "그랬군요…."라며 미처 몰랐다는 반응을 보였습니다. "옷과 관련한 기본적인 과제는 대부분 해결되었다고 생각했어요."라더군요.

회의를 마친 뒤에 좀더 상세하게 장애가 있는 친구들로부터 옷에 관한 의견을 청취하고, '장애인이 말하는 의복의 여섯 가지 과제'라는 제목을 붙인 자료로 정리했습니다. 장애 당사자들이 아직 '입고 벗기' '사이즈' '냉증' '소재' '구조' '디자인'과 관련해 어려움을 겪고 있다는 사실을 정리한 자료였죠. 그리고 유나이티드 애로우즈에 이렇게 제안했습니다.

"타깃이나 가상 고객을 설정하는 방식 말고, 실제로 존재하는 '한 사람'을 출발점 삼아서 새로운 옷을 개발해보지 않으시겠습니까?"

그다음 이렇게 부탁했습니다.

"귀사처럼 브랜드 파워가 있고 널리 알려진 기업이 단 한 사람의 장애인을 위해서 옷을 만들면 분명히 이 사회에 큰 영향을 미칠 겁니다. 그리고 무엇보다 장애인들이 이렇게 많은 어려움을 겪고 있는데, 해결할 수 있는 건 여러분밖에 없습니다. 여러분의 힘이 필요합니다."

자료를 앞에 둔 유나이티드 애로우즈의 직원들은 이렇게 말해주었습니다.

"일단 알게 된 이상 '해보자' 말고 다른 선택지는 떠올릴 수 없네요!"

타깃 고객을 설정하지 말자

그 뒤에 유나이티드 애로우즈는 무시무시한 속도로 움직이기 시작했습니다.

사내에 '이런 프로젝트가 있는데, 함께하고 싶은 사람은 지원해주세요.'라고 메일을 보내자, 금세 10여 명이 모였다고 합니다. 심지어 부서의 벽을 뛰어넘어서 디자인, 패턴, 생산관리, 소재 조달 등 그야말로 올스타팀이 구성되었죠.

그렇게 시작된 프로젝트의 이름은 '041 FASHION'. '041'은 'all for one', 즉 '하나를 위한 모두'를 뜻합니다.

'누군가' 또는 '타깃 고객'을 위해서가 아니라 장애 당사자 여섯 명의 옷에 대한 절실한 바람을 개발의 출발점으로 삼고,

각각의 바람에 맞춰 '한 사람을 위한 = 올 포 원(041)' 옷을 만들어내기로 했습니다.

그 '한 사람' 중 한 명이 세키네 아야카 씨. 세키네 씨는 척추가 손상되어 열두 살부터 휠체어로 생활하고 있습니다. 휠체어를 쓰기 시작한 뒤로 거의 스커트를 입지 못했다고 합니다. "입고 벗기 불편하고 휠체어 바퀴에 낄 수 있다"는 이유였죠. "멋을 내고 싶어서" 가끔 스커트를 사보지만, 결국 입지 못한 채 "친구한테 주기를 반복하고 있다"고 했습니다.

일상적인 업무를 하며 틈틈이 새로운 스커트를 개발했습니다. 시제품을 만들면 세키네 씨에게 입혀보고 의견을 들어서 개량했죠. 같은 과정을 몇 번씩 꼼꼼히 반복했습니다. 마치 오트쿠튀르에서 세상에 한 벌뿐인 정장을 만들어내듯이.

반년을 들여 완성한 것이 '플레어도 타이트도 되는 스커트'입니다. 앞쪽은 플리츠스커트이고, 뒤쪽은 엉덩이 부위가 낙낙한 타이트스커트인데, '플리츠 하나하나'에 지퍼가 달려 있습니다.

무엇이 대단한가 하면, 지퍼들을 닫으면 타이트스커트가 되고 열면 플레어스커트가 된다는 것입니다. '양면 점퍼'와도 비슷한 이 옷은 타이트스커트로 입으면 이동하면서 휠체어 바퀴에 옷이 낄 염려가 없습니다. 약속 장소에 도착해 사람과 만날 때 지퍼를 풀어서 플레어스커트로 하면, 좀 화사한 분위기를 연출할 수 있죠. 즉, 상황에 따라 겉모습이 달라지는 완전히 새로운 스커트가 탄생한 것입니다.

또 다른 장애 당사자로 근디스트로피라는 근육질환 탓에 마음대로 몸을 움직일 수 없는 마코라는 여자아이가 있습니다.

마코가 낸 과제는 '입 주위의 근력이 약해서 어떡해도 침이 흘러버린다.'라는 것이었습니다. 침이 흐른다고 해서 아기용 턱받이를 하는 건 여덟 살이 된 여자아이에게 좀 부끄러운 일이었죠.

그 과제를 해결하기 위해 유나이티드 애로우즈가 만들어낸 것이 '턱받이도 되는 에이프런드레스'입니다. 즉, '얼핏 보면 드레스 같은 턱받이'라고 발상을 역전시킨 것이죠.

새로운 인풋부터 시작하면, 새로운 아웃풋이 태어난다

장애 당사자가 기뻐한 것은 당연한 일입니다. 그렇다면 기업의 상품으로 대하는 일반 고객의 반응은 어땠을까요?

'턱받이도 되는 에이프런드레스'의 당사자인 마코의 어머니가 "(병이 없는) 큰애가 입어도 예뻐요."라고 말해주었을 때는 무척 기뻤습니다. '플레어도 타이트도 되는 스커트' 역시 조금

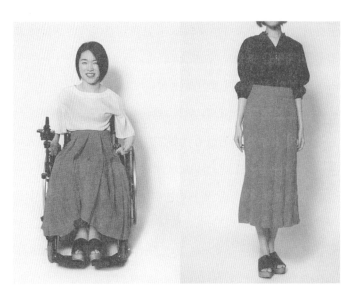

'플레어도 타이트도 되는 스커트'(위)와 '턱받이도 되는 에이프런드레스'(아래).

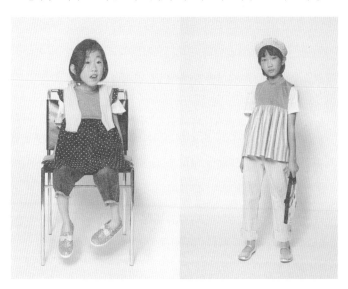

돌려서 입으면 한쪽에는 플리츠가 있고 다른 한쪽은 곡선으로 좌우 비대칭을 표현할 수 있기에 새로운 연출이 가능한 옷이라며 업계의 프로들이 좋아하는 상품이 되었습니다.

장애가 있는 '한 사람을 위해' 만들어진 옷들이 결과적으로는 장애의 유무와 상관없이 '멋있으니까' 혹은 '기능이 좋으니까' 같은 이유로 수많은 사람들에게 판매되었습니다.

2018년 4월, '041'을 발표하는 기자회견에 많은 언론이 몰려왔습니다. 유나이티드 애로우즈의 창업자 중 한 명으로 오랫동안 크리에이티브 디렉터를 맡은 구리노 히로후미 씨는 '041'을 이렇게 평가해주었습니다.

"안경이 개발될 때까지 눈이 나쁜 사람은 장애인이었습니다. 오늘날 안경은 개성이지요. 단 한 사람의 필요가 새로운 디자인과 '미'를 낳았습니다. 이것은 이른바 사회 공헌이 아니라 새로운 사업을 향한 첫발입니다. 그 결과 이 세상에 도움을 주면 됩니다."

가상의 고객 혹은 타깃이 아니라 '한 사람'만을 위해 상품을 개발하는 것이 이 세상에 새로운 가치를 만들어낸 것입니다.

한 사람을 출발점 삼아 만들어진 것은 모두에게 편안한 옷이었습니다. 즉, '041(all for one, 하나를 위한 모두)'은 '140(one for all, 모두를 위한 하나)'이 된 것입니다.

누군가의 약점은
다른 누군가의 강점을 끌어낸다

구리노 씨에게 물어본 적이 있습니다. "왜 흔쾌히 제안을 받아주셨나요?" 구리노 씨는 이런 얘기를 들려주었습니다.

"041이라는 프로젝트는 옷을 파는 사람으로서는 원점으로 되돌아가는 일이었어요. 그곳에 있는 사람이 고객이었기 때문이죠."

정신이 번쩍 들었습니다.

"걷기 편한 구두를 원한다든지 가볍고 따뜻한 외투를 입고 싶다든지, 그런 요구는 누구에게나 있지요. 본래 우리의 장사란 그런 요구를 구현하는 것이잖아요. 이번에는 장애 당사자를 유나이티드 애로우즈 본사로 모셔서 여러 과제와 요구를 들었습니다. 그에 대해서 다 같이 '이렇게 해보면 어떨까?'라고 논의했고요. 바로 우리 눈앞에 '이런 옷을 원해.'라고 말하는 사람이 있었죠. 요즘은 부서 구분이니 분업화라고만 하는데, 판매직에 있는 직원을 통해 고객의 요구를 간접적으로 들을 수는 있어도 당사자에게 직접 듣지는 못해요. 바로 그래서 당사자의 목소리를 직접 들었다는 사실 자체로 의욕이 타오르는 거예요, 아무래도. 딱히 '어려움을 해결한다.'라는 좋은 의미만 생각한 게 아니라 옷을 만드는 프로로서 '재미있잖아!' 하는 마음이 있었어요. 손님이 기뻐해준다니 해봐야겠다고요."

구리노 씨는 이어서 다음처럼 말했습니다.

"당연하지만 결국 이번 프로젝트의 핵심은 장애 당사자들을 위한 옷이었죠. 그래서 움직이기 편하다든지 입기 쉽다든지 하는 기능, 즉 장비로서의 요소를 가장 우선했어요. 하지만 '멋있는지 어떤지는 상관없어?'라는 질문을 들으면, 그렇지는 않아요. '기왕이면 멋있게 만들어야지.' 하는 창작자의 마음을 이 프로젝트에 얼마나 담을 수 있을까 생각했죠."

유나이티드 애로우즈의 직원들이 장애 당사자들을 바라보는 눈빛이 얼마나 인상적이었는지 생생히 기억납니다. 어찌나 눈이 반짝이던지.

오해를 무릅쓰고 굳이 말하면, 장애 당사자를 보고 눈을 빛내는 경우는 없지 않습니까. 하지만 옷을 만드는 전문가에게는 장애 당사자가 지닌 일종의 약점과 해결해야 하는 과제가 '내 능력 전부를 발휘할' 최고의 기회였던 게 틀림없습니다.

도움을 주고, 나아가 눈에도 띕니다. 시력을 보완하는 도구였던 안경이 어느새 개성을 드러내는 패션이 되었듯이. '041'에서 태어난 옷을 비장애인도 구매한 것은 누군가의 약점이 다른 누군가의 강점을 끌어냈기 때문입니다. 그리고 정말 작은 소수자의 세계를 위해 정말 큰 대기업이 움직였기 때문입니다. 그런 마법이 걸렸기 때문에 성공했다고 생각합니다.

우리는 모두 더욱 '좋은 것'을
만들고 싶었다

'041'에 참여해준 직원들은 애초에 자신의 일에 그다지 불만이 있지는 않았을 겁니다. 동경하던 업계에서도 핵심인 상품 기획과 디자인을 하고 있으니까요. 하지만 유나이티드 애로우즈 내부에도 중대한 과제가 있다고 구리노 씨는 이야기해주었습니다.

일단 동기 부여의 과제가 있습니다.

"디자이너를 예로 들면, 처음에는 파리나 밀라노의 컬렉션으로 대표되는 기존 권위에 인정받으려고 필사적으로 노력해요. 하지만 겨우 인정을 받게 되면 초기의 뜨거운 동기도 좀 시들해져버리죠."

또 다른 과제는 대량 생산·대량 소비 사회.

"왜 이렇게 서두르나 하는 생각이 문득 들어요. '빠른 게 좋은 건가?'라고요. 패스트푸드는 비만을 낳았고, 패스트패션은 의류의 대량 폐기 문제나 방글라데시에서 일어난 '라나 플라자의 비극'*이 상징하는 가혹한 노동 환경을 낳았죠. 빨라서 무언가 좋은 것이 있었나요? 별로 없지 않나요? 손쉽게 선택

---

* 2013년 다섯 개의 봉제공장이 입주해 있던 방글라데시의 빌딩 라나 플라자가 붕괴되어 1000명 이상이 목숨을 잃었다.

할 수 있는 걸 하는 한 손쉽게 사라질 수밖에 없지 않을까요?"

우리가 만든 옷이 고객의 손에 닿지 않고 폐기되기도 한다. 끊임없이 새로운 유행이 등장하고 순식간에 사라진다. 그런 일을 겪다 보면 조금씩 열의가 식고, 창조성이 줄어드는 듯한 느낌이 든다.

광고라는 비눗방울을 만드는 광고 창작자와 마찬가지였습니다. 아니, 어느 업계든 창작자들은 비슷한 고민을 하고 있겠죠.

그런 상황에서 장애 당사자가 숙제를 들이밀었을 때, 그들의 눈빛은 완전히 달라졌습니다.

장애 당사자들은 패션이라는 것에 강한 갈증을 느끼고 있었습니다. '우리는 잠재 고객으로도 여겨지지 않는다.'라고 체념하는 와중에도 마음속 한구석에서 오아시스를 원하고 있었죠. '마음에 드는 옷을 입고 싶어.' '그런 옷을 입고 외출하고 싶어.' 그 갈증이 창작자들에게 그대로 부딪친 것입니다.

창작자들 역시 목이 바싹 말라 있었는지도 모릅니다. 상품으로서든 표현으로서든 안 만들어진 것이 없는 패션업계에서 장애인들이 내준 과제가 빛나 보였는지도 모르죠. 다들 '더욱 좋은 것'을 만들고 싶어했습니다.

'단 한 사람'을 위해서 더욱 본질적인 것에, 진심으로 원하는 것에, 자신이 지닌 재능을 쏟아부을 수 있는 이 프로젝트가 모두의 마음에 불을 붙인 것입니다.

두 세계 사이에 다리가 놓이다

2018년 발매 이후 2년이 지난 2020년 가을, '041'이 잡지 『브루투스BRUTUS』에 실렸습니다.

패션 특집을 하는데 '아름다운 옷을 삽시다.'라는 이야기 말고 근본적으로 '옷이란 무엇인가?'에 대해 이야기하고 싶어서 구리노 씨에게 취재 요청을 했다고 합니다.

'041'이라는 프로젝트가 시작되었을 때만 해도 지금처럼 세간에서 '다양성'이나 'SDGs지속 가능한 발전 목표'의 중요성이 강조되지 않았습니다.

그로부터 몇 년이 지난 지금 구리노 씨의 말을 빌리면, 유나이티드 애로우즈에는 '041'이라는 묘목이 자라나서 다양성 및 지속 가능성과 관련한 프로젝트가 조금씩 진행되고 있다고 합니다.

또한 프로젝트에 관여한 사람 중에는 뒤풀이 자리에서 "실은 가족 중에 자폐성 장애 당사자가 있다."라고 처음으로 공표한 사람도 있었다는 모양입니다. 가족을 위해서 '무언가 할 수 있으면 좋겠다.'라고 생각했지만, 설마 "내 본업에서 그런 게 가능할 줄은 몰랐다."라고요. 지금도 다른 직원과 엘리베이터 등에서 마주치면 "장애가 있는 분도 쉽게 쇼핑할 수 있는 웹사이트를 만들면 어떨까요?" 같은 추가 제안을 받곤 한답니다.

정말로 사회복지업계에서 보면 그보다 든든할 수가 없을 것입니다.

다수자의 힘이라 할 수 있는 것을 소수자의 세계에 접목한 결과 이런 희망이 싹틀 줄이야. 일류 회사의 포용력이 이토록 근사하고 남다를 줄이야. 두 세계 사이에 다리가 놓였습니다. 여기에 다리가 놓일 거라고는 상상도 못 했는데 말이죠.

앞으로도 여러 업계에서 '마이너리티 디자인'을 실행하고 싶다. 이런 바람을 품게 해준 프로젝트였습니다.

더 좋은 사회를 만들기 전에
해야 할 일

'절단 비너스 쇼' '닌닌' '041' 같은 프로젝트를 진행하면서 그에 관여한 창작자들의 굶주림, 고민, 갈등과도 마주했습니다.

그리고 생각했습니다.

우리는 자신의 아이디어로 '더욱 좋은 세상을 만들기' 전에, 그 아이디어를 내놓기에 '더 좋은 일하는 방식'부터 만들어야 한다고요.

저 자신의 시간, 인생, 경험을 돌아보며 내 재능을 사용하는 방식에 문제는 없는지 다시 한 번 스스로에게 질문했습니다.

그리고 시간을 할애해서 제가 일하며 지향해야 하는 방향을 세 가지로 좁혔습니다.

① 광고업계(본업)에서 기른 능력을 광고업계(본업) 밖에서 활용하기
② 대중(누군가)이 아니라 한 사람(당신)을 위하기
③ 쓰고 버리는 패스트 아이디어가 아니라 지속 가능한 아이디어로

지금 제가 하는 모든 일은 이 세 가지 방향을 따르고 있습니다. 반대로 말하면, 이 방향에서 벗어나는 일은 거절하고 있습니다.

20대에는 일을 거절하기가 무서웠습니다. 싫어하지 않을까, 건방지다고 생각하지 않을까, 일이 줄어들지 않을까.

그럼에도 거절하고 있습니다.

자신의 일을 스스로 편집하지 않으면, 역량을 집중하며 일할 수 없습니다. 그렇기 때문에 용기 내어 세 가지 방향을 정했습니다.

광고업계(본업)에서 기른 능력을
광고업계(본업) 밖에서 활용하기

광고는 한 팀의 인원수가 많습니다.

영업, 마케팅, 미디어, 선전. 다양한 역할을 맡은 사람들이 관여하지요. 커다란 사안일 경우 한 팀에 크리에이티브 디렉터 세 명, CM 플래너 다섯 명, 카피라이터 네 명, 아트 디렉터 세 명이 있을 때도 종종 있습니다. 그런 상황에서 내가 낸 기획과 카피가 채택될 확률은 현저히 낮습니다. 만약에 채택되었다 해도, 여러 사람의 손을 거치며 흔적도 남지 않게 되는 경우가 드물지 않죠.

'창조성 착취'라고 하면 지나친 표현 같지만, 왠지 기획을 내면 낼수록 창조성을 발휘할 에너지가 고갈되는 듯한⋯ 20대에는 그런 느낌마저 들었습니다.

5년 정도 광고 창작자 경험을 쌓으니 제 속에 '좀 쓴다.'라는 자심감은 생겼습니다. 하지만 좀처럼 능력이라는 방망이를 풀 스윙할 기회가 없었죠.

저는 성취하고 싶은 일을 위해 무리에서 벗어나기로 결심했습니다.

광고회사에 소속되어 있지만, 모두와 다르게 일하자. 비유하면, 정어리 무리에서 한 마리 정어리가 혼자 기운차게 다른 방향으로 헤엄치기 시작한 것입니다.

마음은 불안하고 사방은 어두컴컴했습니다. 그렇지만 물은 깨끗하고 차갑고 기분 좋았죠.

만화를 연재했고, 작사·작곡을 비롯해 밴드를 직접 프로듀스했습니다. 기존의 광고와 다른 영역에서 제 능력을 사용하기 시작한 것입니다. '내가 길러낸 대단하지 않은 창조성이라도 더욱더 다양한 곳에서 활용할 수 있겠어!' 이런 예감이 마음속에서 부풀었습니다.

그 뒤에 아들을 비롯해 많은 친구들의 장애라는 운명의 과제와 만나면서 저는 마침내 결정했습니다.

'광고'를 만드는 건 그만두자.

'광고를 만들지 않는 광고인'이라는 길을 선택하자 지하수처럼 제 몸속을 흐르던 발상과 아이디어가 한꺼번에 지상으로 분출되었습니다. 풀스윙 수준이 아니라 제 온몸이 방망이가 되어 공을 쳐내는 듯한 느낌이었죠.

그 결과, 앞서 소개한 많은 사업과 프로젝트, 그리고 뒤이어 3장에서 소개할 '유루스포츠'를 시작할 수 있었습니다.

다만, 제 말은 어디까지나 기존의 광고, 즉 15초 영상 광고나 그래픽 광고를 만들지 않기로 했다는 뜻입니다. 광고라는 행위 그 자체를 그만두었다는 말은 아닙니다. 왜냐하면 '기메조'나 '닌닌'처럼 제가 낸 작은 아이디어가 점차 기업들과 협업으로 이어져 광고 영역의 일이 되는 경우가 꽤 있었기 때문입니다.

비슷한 이야기를 광고 외의 업종에도 적용할 수 있다고 생각합니다. 주위를 둘러보면 일에서는 일류 창작자지만, 그 능력을 소중한 사람을 위해 활용하지 않는 경우가 많습니다. 예컨대 실력 좋은 영상 프로듀서인 제 친구는 자신의 프로듀스 능력을 가족을 위해서 쓴 적이 없습니다. 의사인 친구는 건강에 좋지 않은 생활을 하고 있고요. '기술'과 '삶'이 분리된 경우가 많은 것입니다.

저는 본업에서 쌓은 경험과 지식을 본업 밖에서 소중한 사람에게, 제 인생에, 주위의 소수자에게 돌려주자고 정했습니다. 좁은 틈새에서 하는 사소한 활동도 계속 파고드니 성장했고, 결과적으로 본업으로 돌아가게 되었습니다.

방향 ②

대중(누군가)이 아니라
한 사람(당신)을 위하기

'041'이라는 프로젝트에는 매출지상주의 속에서 막다른 길에 빠진 저 자신을 위한 일종의 답이 담겨 있습니다. '단 한 사람'을 위한 것을 만들면서 새삼 깨달은 것이죠.

'대중적'인 것 따위는 없다. '누군가' 같은 것도 없다.

마치 한 사람 한 사람의 얼굴을 바라볼 시력이 돌아온 듯했습니다.

광고 마케팅의 세계에서는 'F1층'이니 'M3층'*이니 하는 말이 오갑니다. 트렌드에 민감한 이들은 20~34세 여성이고, 50대 이상은 육아가 어느 정도 끝나 구매 욕구가 높다…고 하는데, 그런 사람이 실재할까요? 가짜 뉴스 같은 이야기 아닐까요.

정성조사, 정량조사, 그룹 인터뷰부터 당사자도 모르는 잠재적 욕구를 파헤치는 심층면접까지, 광고업계는 그런 수법들을 활용해 생활인들에게 '무언가 문제가 없나요?'라는 질문을 던집니다.

결론부터 말하면, 문제는 없습니다.

그런 조사의 결과에 눈에 띄는 과제는 없습니다. 예전에 제가 동석한 그룹 인터뷰에서 사회자가 "사용하고 계신 상품에 뭔가 불편한 점은 없으세요?"라고 물어보았지만, 참가자들은 서로 얼굴을 마주 볼 뿐이었습니다.

일본은 거품 경제 붕괴 후 '잃어버린 30년'을 보냈는데, 저

---

* 2000년대 중반부터 일본의 광고업계에서 널리 쓰인 용어로 F1층은 20~34세 여성, M3층은 50대 이상 남성을 뜻한다.

는 애초에 그 이유가 '대중에게 너무 기댔기 때문'이라고 생각합니다.

1970년대에 대두된 '1억 총중류'*라는 말처럼 실제로 일본 내에 중산층이 늘어나긴 했습니다. 마케팅은 '중산층'이라 불리는 대중을 향해서만 이뤄졌지요.

그렇지만 생활수준이 향상되면서 일상생활에서 해결해야 하는 심각한 과제는 점점 줄어들었습니다. 그럼에도 불구하고 기업은 더욱 중산층에게 제품을 팔고 싶었기 때문에 계속 과제를 찾았습니다.

'타깃'을 '상정'하고, '조사'하면서 '욕구를 탐색'했습니다.

여기에는 커다란 함정이 있습니다. 바로 모두 판타지에서 시작되었다는 것입니다. '우리의 고객은 모든 사람'이라는 경우도 있는데, 대체 누구를 말하는 것일까요? 그러다 보면 점점 '대중'이라는, 실체가 불분명한 집단에 빠져들고 맙니다.

그렇다면 이 사회에는 더 이상 아무런 과제가 없을까요?

그렇지 않습니다. 아직 산더미처럼 쌓여 있습니다. 대중에 포함되지 못한 '소수자'라고 불리는 사람들에게요.

그렇지만 제가 경험한 바로는 지금껏 광고회사에서 마케팅 활동을 하며 이러한 의견을 접한 적은 없습니다.

* 1970년대 고도 경제성장을 하던 일본에서는 1억 명 남짓한 국민 대다수가 자신을 중류 계급이라 여겼다. '1억 총중류'는 그런 의식을 가리키는 말이다.

없다면 내가 하자.

저는 이렇게 결의했습니다.

창작의 역사를 조사해보다가 실은 '한 사람'을 위해 만들어진 콘텐츠가 많다는 것을 알았습니다.

전 세계에서 읽히고 있는 『이상한 나라의 앨리스』는 저자 루이스 캐럴이 앨리스라는 한 여자아이에게 들려주었던 이야기를 바탕으로 쓰였습니다. 『곰돌이 푸』는 앨런 알렉산더 밀른이 아들 크리스토퍼를 위해 쓴 것이고요. 일본을 대표하는 록밴드 글레이가 큰 인기를 얻게 된 계기인 노래 「글로리어스」는 밴드의 리더 타쿠로가 고향 친구의 결혼을 축하하며 만든 곡입니다.

이런 사례들을 접하고 저는 보람 있는 일을 위해 대중이 아니라 한 사람을 기점 삼아 일하자고 마음먹었습니다.

소중한 '한 사람'을 위해 일하면, 마음에 불이 붙고 그것이 불씨가 되어 저를 비롯한 팀 전체가 상상하지 못한 큰 힘을 발휘한다는 사실도 알았습니다. 한 사람의 가능성은 무한한 것입니다. (그 '한 사람' 그리고 '운명의 과제'와 만나려면 어떻게 해야 하는지를 4장에서 이야기하겠습니다.)

쓰고 버리는 패스트 아이디어가 아니라
지속 가능한 아이디어로

어제 텔레비전, 인터넷 뉴스, SNS 등에서 무엇이 화제였는지 기억나십니까?

저는 기억나지 않습니다.

아쉽게도 요즘의 창작물은 점점 '패스트'한 것이 되고 있습니다. 개발에서 완성까지 과정이 짧아졌고, 발표하자마자 소비되고, 망각되는 속도도 빠릅니다. 저를 비롯한 창작자들은 거대한 '심심풀이 산업'의 한 축을 맡고 있다고도 할 수 있습니다.

'잠깐 있어봐. 소비되고 있는 건 사실 만드는 나잖아!' '뭐야, 끓는 물속의 개구리처럼 서서히 나도 모르는 사이에 패스트푸드 같은 사람이 돼버렸어!'

그래서 저는 패스트푸드 같은 '패스트 아이디어'를 만드는 것은, 또는 원하는 것은 더 이상 하지 않기로 결정했습니다.

SDGs가 상징하듯이 오늘날 세계의 흐름은 점점 '지속 가능한 방향'으로 나아가고 있습니다.

기업이 만드는 상품도 서비스도, 더욱 멀리까지 내다봐야 합니다. 조금씩 변화해가는 경제라는 파도에만 올라탈 것이 아니라, 지구 환경을 고려한 더욱 큰 흐름을 따라야죠. 그 흐름을 따르려면 창작자의 아이디어도 더욱 지속 가능한 방향으로 전환되어야 합니다. 더 이상 선전만 만들어봤자 끝이 없는 것입니다.

예를 들어 승려 구카이는 1200년 전 시코쿠 전역을 도는 순례길 '오헨로'를 만들어냈는데, 그의 '빅 아이디어'는 지금까지도 살아남아 많은 이들이 그 길을 찾고 있습니다. 또한 고타마 싯다르타의 깨달음을 계기로 개화한 '불교'는 2500년 넘게 계속되고 있지요.

오래 살아남는 아이디어일수록 세계에 커다란 영향을 남길 수 있습니다. 마이너리티 디자인에서는 더더욱 단기적인 선전으로는 변화를 일으키기 어렵습니다. 그래서 저는 지속 가능한 아이디어를 내는 법을 나름대로 연구하여 만들어냈습니다. (5장에서 자세히 설명하겠습니다.)

내 속에 있는
소수자를 위해 일하자

광고업계에서 기른 창조성을 사회복지라는 소수자의 세계로 가져와서 소중한 사람의 '약점'을 출발점 삼아 오랫동안 이어질 '구조'가 될 아이디어를 제안하자.

그런 생각에 따라 여러 프로젝트를 하는 사이에 점점 '마이너리티 디자인'의 방법이 보이기 시작했습니다.

새로운 발견은 그 외에 더 있었습니다.

아들과 장애가 있는 친구들뿐 아니라 '나 역시 소수자였다!'라고 깨달은 것입니다.

생각해보면 저는 해외에 있을 때 '일본인'이라는 소수자였습니다. 중학교 1학년 때는 학교에서 1년 동안 두 마디밖에 말하지 않았습니다. 그렇습니다. 저는 소수자였습니다.

그때부터 시작된 것은 '약점'에서 비롯된 즐거운 반격이었습니다.

3장에서는 '타인'뿐 아니라 '저 자신'의 약점에서 시작된 마이너리티 디자인의 사례를 소개하겠습니다. 바로 현재 제가 가장 많은 시간을 할애하고 있는 '유루스포츠'입니다.

무엇을 계기로 어떻게 경기를 만들고 있는지, 어떻게 퍼져 나갔는지, 가능한 구체적으로 제가 일한 방식을 공유하겠습니다.

운동 빵점이 만들어 낸 '유루스포츠'

'약점'에서 시작된
즐거운 반격

**Weak
is the
new strong**

아이와 공원에 가도
할 게 없었다

여러 프로젝트를 진행하고 장애 당사자들과 계속 만나면서 저의 '육아 매뉴얼'에 여백이 채워졌습니다. 앞으로 아들이 보낼 날들을 조금씩이지만 상상할 수 있게 되었죠.

다만, 먼 미래보다 당장 지금 마음에 걸리는 부분이 있었습니다.

'나는 아이와 어떻게 놀면 될까?'

가족과 함께 공원에 나가면 다른 가족들이 신경 쓰였습니다. 배드민턴이나 캐치볼을 하는 사람, 개와 함께 원반을 던지며 노는 사람, 자전거를 연습하는 사람….

그런 사람들 옆에서 우리는 무엇을 했는가. 돗자리를 펼치고 앉아 도시락을 먹고 이름도 제대로 모르는 북을 두드리는 정도밖에 하지 못했습니다.

모두들 운동을 하며 신이 난 와중에 메마른 북소리가 하늘에 울렸습니다. "통."

통. 세상에는 이토록 즐길 거리가 넘쳐나는데. 어째서 '눈이 보이지 않는다'는 사실만으로 선택지가 사라져버릴까. 통. 세상에는 눈이 보이지 않는 사람, 귀가 들리지 않는 사람, 걷지 못하는 사람이 많은데, 왜 그들이 즐길 수 있는 콘텐츠는 별로 없을까. 통통통통….

저는 분노와 비슷한 감정을 느끼며 공허하게 울리는 북을 두드렸습니다.

스포츠란 왜 이렇게 선택지가 적을까?

시각장애인은 사회와 맺는 접점이 매우 적다는 사실을 알았습니다.

그들 대부분은 3세가 되면 맹학교의 유치원에 입학하고 고등학교를 졸업할 때까지 자신과 마찬가지로 눈이 보이지 않는 동급생과 함께 공부하고 놉니다. (일본에는 맹학교 외에 시각특별지원학교라고 불리는 곳도 있습니다.)

그 학교에 비장애인 아이는 없습니다. 그래서 부모와 선생님 외에는 비장애인과 거의 관계를 맺지 않은 채 사회에 나가는 경우가 많습니다. 저는 아이가 어릴 때부터 사회와 접점을 늘릴 방법이 없을까 고민했습니다. 하지만 공원에 나가도 북을 두드리다 돌아올 뿐이었고, 뭘 가르치면 될지, 무엇을 할 수 있는지 몰랐습니다.

새삼스레 시각장애인 축구가 얼마나 소중한지 뼈저리게 깨달았습니다.

시각장애인 축구의 골키퍼와 가이드(골대 뒤에서 정보와 지침을 제공)는 정안인(눈이 보이는 사람)이 맡습니다. 즉, 운동을 하며 자연스레 눈이 보이는 사람과 교류할 수 있습니다. 운영이나 매니저를 맡던 여성과 결혼한 남성 선수도 여러 명 있답니다. 그 세계에서는 모두가 서로 어울립니다.

그렇지만 시각장애인 축구를 비롯한 장애인 스포츠는 꽤 과격합니다. 선수끼리 부딪쳐서 코뼈가 부러졌다는 이야기를 종종 들었는데, 휠체어 농구에서도 서로 충돌하면 선수가 바닥으로 떨어지더군요.

장애인 스포츠는 '좀 해볼까?' 하며 시작할 만큼 '느슨하지' 않았습니다. 비장애인들이 가벼운 마음으로 도전하는 스포츠보다 훨씬 장벽이 높은 게 장애인 스포츠였지요.

그러면 어떡할까요. 저는 아들과 함께 몸을 움직이며 놀고

싫었습니다. 하지만 장애인 스포츠는 좀 어렵고요.

애초에 스포츠란 왜 이렇게 선택지가 적은 걸까요?

내가 세상에서 가장 꺼리던 것, '체육'

곰곰이 생각해보면, 저 역시 원래부터 운동이 너무 싫었습니다.

한 살 터울인 남동생은 계주에 출전할 만큼 잘 달리는데, 저로 말하면 전형적인 굼뜬 소년. 전력으로 달려도 느릿느릿, 공을 던지면 비실비실. 마치 근육이라곤 없는 듯한 전신 운동치. 초등학생 때는 발 빠른 동급생이 인기를 독점하는 걸 흘깃거리며 독자 0명인 학급신문을 만들었습니다.

열다섯 살에 미국으로 건너간 뒤로는 운동에 대한 콤플렉스가 한층 심각해졌습니다.

당시 제가 다닌 시카고의 고등학교에는 피지컬 에듀케이션 physical education이라 불리는 체육 수업이 주 3회 있었습니다. 동급생의 대부분은 당연히 일본인보다 압도적으로 체격이 좋은 백인과 흑인뿐이었죠. 신장이 190센티미터가 넘는 학생도 흔했습니다.

예를 들어 농구 시간. 제가 공을 잡은 순간 "찬스!"라며 거인들이 일제히 덤벼들었습니다. 당해보면 눈물이 날 만큼 무섭습니다. 운동을 즐기기는커녕 살아서 버티느라 벅찼죠.

사회인이 되어 '이제 체육의 저주에서 벗어날 수 있어…'라며 숨 돌린 것도 잠시, 이번에는 선배가 억지로 풋살*에 끌어들이더군요. 어쩌다 기적적인 골을 넣으면 "설마 사와다가!"라며 웃음거리가 되고 말았습니다.

저는 조용히 마음먹었습니다.

'스포츠에서 은퇴하자.' 이제 영원히 스포츠는 안 하는 거야.

당시는 마라톤 붐이 일던 무렵이었습니다. 저는 달리는 시민들을 텔레비전으로 보며 "그냥 달리기만 하는데 뭐가 재밌는 거야."라고 못마땅하게 중얼거렸습니다.

잘못은 내가 아니라
운동이 한 거 아닐까?

인간은 실수를 저지르는 생물이건만, 어째서 체육 시간에는 한 차례 실수도 용납하지 않을까. 전혀 납득하지 못한 채, 저는

---

* 다섯 명이 한 팀이 되어 정식 축구장보다 작은 경기장에서 벌이는 간이 축구.

'운동을 못한다'는 약점을 숨기고 일에 몰두했습니다.

그랬지만 사회복지의 세계에 뛰어들어 장애를 대하는 '의료적 모델'과 '사회적 모델'이라는 개념이 있다는 것을 알게 되면서 저는 다시금 스포츠에 다가가기 시작했습니다.

가령 뇌성마비로 휠체어 생활을 하는 사람에게 "일상생활이 곤란한 원인은 당신에게 있습니다. 그러니 재활을 해서 당신을 '건강 상태'로 만듭시다." 하는 것이 의료적 모델입니다. 반면 "일상생활이 곤란한 원인은 사회에 있습니다. 그러니 길의 높낮이차를 없애거나 엘리베이터를 설치합시다." 하는 것은 사회적 모델이죠.

이것을 처음 알고 '아!' 하고 놀랐습니다. 체육을 못하는 건 제 탓인 줄 알았는데, '사회적 모델'로 다시 생각해보면 어떨까요. 혹시, 가설이긴 하지만, '체육에 원인이 있는 것' 아닐까요? 충격적인 발견이었습니다.

마침 그 타이밍에 도쿄올림픽·패럴림픽 유치가 결정되었습니다. 사람들이 달아오를 게 뻔한 축제. 손톱을 깨물며 바깥에서 바라보기보다는 큰맘 먹고 그 속으로 뛰어들 수는 없을까. 좋아, 해볼까….

아이를 위해, 그리고 누구보다 저를 위해 하는 수밖에 없었습니다. 이렇게 죽기 아니면 살기라는 각오를 하고 스포츠의 세계에 뛰어들기로 했습니다.

내 강점과 약점을 조합해
스포츠를 만들 수 없을까?

만약 지금 우리 앞에 있는 스포츠들이 훌륭하고 완벽하다면, 모든 사람이 운동에 시간을 들이며 건강한 인생을 구가할 것입니다.

그렇지만 2015년에 이뤄진 조사 결과를 보면 약 60퍼센트의 사람들이 일상적으로 거의 운동을 하지 않는다고 합니다.[*]

나이키도 아디다스도, 모두 운동 약자에게는 눈길을 주지 않는 듯합니다. 왜냐하면 일개 생활인으로서 저는 지금껏 한 번도 '네가 운동을 즐길 수 있는 신발을 개발했어!' '이리 와 봐!' 같은 말을 들은 적이 없었고, 운동 약자인 제가 받아들여진 적도 없었기 때문입니다.

정신이 번쩍 들었습니다. '운동 약자는 보이지 않는 소수자일지도 몰라.'

맞아, 운동을 못하는 사람을 '운동 약자'로 정의하고 그런 관점으로 바라보면 새로운 마이너리티 디자인을 할 수 있지 않을까?

---

[*] 문화체육관광부가 발표한 2021년도 국민생활체육조사에 따르면 한국인은 30분 이상의 체육 활동을 주 1회 하는 비율이 60.8퍼센트, 주 2회가 49.8퍼센트였다.

이번에는 '저를 위해' 제 능력을 쓰기로 했습니다. 저 자신을 의뢰인으로 두고 크리에이티브 디렉터로서 이 과제와 맞서기로 했죠.

눈이 보이지 않아도, 운동을 못해도 즐길 수 있는 완전히 새로운 스포츠. 장애인 스포츠처럼 '운동이 특기인 장애인'이 아니라도 누구나 즐길 수 있는 스포츠. 그런 스포츠가 있으면 되잖아.

연구

버블 축구… 그걸 하면
우리 부자도 잘나갈 수 있어

운동 약자인 나도 즐길 수 있는 스포츠란 무엇일까?

그런 고민을 하던 때, 노르웨이에서 만들어진 스포츠 '버블 축구'의 영상을 볼 기회가 있었습니다.

규칙 자체는 축구와 같았습니다.

다른 점은 겉모습이었죠. 몸 전체를 감싸는 튜브처럼 생긴 거대한 '버블(범퍼)'을 장착한 선수들이 다른 선수와 부딪칠 때마다 통통 튕겨 나갔고, 경기장 바닥을 데굴데굴 굴러다녔습니다. 그리고 귀에 들리는 것은 폭소.

저는 영상을 보고 곧장 생각했습니다. '이거라면 할 수 있을지 몰라!'

버블 속에 있으면 부상을 방지할 수 있고, 축구를 잘하는 사람은 튕겨 내면 그만이고, 무엇보다 소리에 의지하면 아들도 할수 있을 것 같았습니다. 공원에서 배드민턴이나 줄넘기를 하는 사람들 옆에서 버블 축구로 놀면, 눈에 확 띄어서 '잘나가는' 존재가 될 수 있을지도 몰랐고요. 할 수 있어, 할 수 있다고….

조사해보니 당시에는 아직 그 경기가 일본에 들어오지 않은 듯했습니다.

회사 식당에서 일은 뒷전으로 미루고 영상에 몰두하고 있는데, 우연히 한 인물이 제 곁을 지나갔습니다. 스포츠 관련 사업을 하는 경영자였지요.

절묘한 타이밍! 저는 그에게 말을 걸었고, 순식간에 버블을 수입해서 버블 축구의 임의단체를 설립하기에 이르렀습니다. 그다음부터는 완전히 파죽지세였죠.

행사를 개최하면 참가권이 곧장 매진되었습니다. 그 후 전국 각지에 있는 종합놀이시설 라운드원의 스포츠·레저 종목으로 버블 축구가 일제히 도입되었죠. 버블을 수입하고 불과 반년 만에 최소 5만 명 이상이 버블 축구를 즐겼습니다.

그렇지만.

열광적인 분위기의 한가운데 있으면서도 저는 어딘지 석연치 않았습니다. 버블 축구 행사장에서 참가자가 버블을 배경으로 "치즈!"라며 단체사진을 찍는 모습을 바라보며 저는 웃으면서도 미간에 주름을 잡고 있었습니다.

버블 축구의 인기가 폭발한 것은 틀림없습니다. 기쁘지 않을 리가 없었죠. 하지만 동시에 생각했습니다. '아마 아이가 자라서 버블 축구로 놀 수는 없을 거야….'

실제로 해보고 알았습니다. 버블 축구는 운동을 못하는 사람도 즐길 수 있다지만, 힘껏 튕겨 넘어지거나 바닥을 구르면 충격이 강해 꽤 아픕니다. 생각보다 스릴 넘치는 스포츠였습니다. 무서운 스포츠였고, 솔직히 별로 하고 싶지 않았습니다.

정작 중요한 목표를 이루지 못했기 때문에 마음속으로는 영 떨떠름했습니다.

약자도 즐길 수 있는
스포츠의 '법칙'

저는 생각했습니다.

'광고, 만화, 음악을 만들었듯이, 아예 스포츠를 새로 만들 수는 없을까.'

일단 버블 축구를 연구해서 그 인기의 비결을 밝혀내려 했습니다.

어째서 운동을 좋아하는 사람도 좋아하지 않는 사람도 버블 축구에 흥미를 보일까. 경기를 꼼꼼히 관찰하고 시합 후에 "무엇이 즐거웠나요?"라고 참가자들에게 질문했습니다. 그러자 어떤 법칙이 눈에 띄더군요.

첫 번째 법칙. '이기면 기쁘다. 져도 즐겁다.'

기존 스포츠의 대부분은 이기지 못하면 분합니다. 일방적으로 패배하면 짜증 나서 아예 그만둬버릴 수도 있죠. 학창 시절의 클럽 활동부터 이어지는 승리지상주의. 승리 외에는 허용하지 않습니다.

버블 축구 역시 승리하면 당연히 기쁩니다. 하지만 이리저리 넘어지고 구르며 예측하지 못한 순간이 연달아 벌어지기에 패배해도 즐겁고 속이 시원합니다. 경기를 즐기는 다양한 방식이 용인되어 이기든 지든 마음껏 날뛸 수 있는 것입니다.

두 번째 법칙. '공유하고 싶다.'

사용하는 도구와 경기하는 모습이 명백하게 기존 스포츠와 달라서 절로 사진을 찍어 다른 사람에게 보여주고 싶습니다. 이름 역시 한번 들으면 '그게 뭐야?'라며 관심이 가고, 규칙도 자꾸 누군가에게 이야기해주고 싶죠. 버블 축구의 겉모습·이름·규칙 등 모든 요소가 많은 사람의 관심을 불러일으킨다는 사실을 깨달았습니다.

세 번째 법칙. '웃을 수 있다.'

제 기억을 돌이켜보면 스포츠를 하다 실수해서 '웃음거리'가 된 적은 있어도 다 함께 웃었던 적은 별로 없었습니다.

버블 축구에서는 다 함께 폭소하느라 정신이 없습니다. 그런 분위기에서는 실수도 대수롭지 않은 일이 됩니다. 아무튼 '다 큰 어른이 버블 속에 들어가 이리저리 넘어지고 굴러다니는 장면'이 무척 유쾌하거든요. 많은 참가자들이 "실컷 웃었어요!"라는 감상을 들려주었습니다.

광고라는 사업에도, 카피라이팅이라는 기술에도, 재현할 수 있는 '형태'와 '법칙' 같은 것이 존재합니다. 마찬가지로 저는 세 가지 법칙을 실마리 삼아 새로운 스포츠를 고안해보기로 했습니다.

이기지 못해도 즐겁고, 모두와 공유하고 싶으며, 웃을 수 있는 스포츠. 운동을 잘하든 못하든 상관없이 모두 같은 수준에서 '느슨하게ゆるい, 유루이' 즐길 수 있는 스포츠…. 기존 스포츠의 냉정한 점을 최대한 없애면서 가능한 폭넓게 만들 수 있다면….

그래! '유루스포츠'라는 이름은 어떨까?

운동 약자가 국가대표와 겨룰 수 있는
'핸드소프볼'

어렴풋이 '유루스포츠'라는 개념을 머릿속으로 그려보던 무렵, 한 운동선수와 만났습니다. 전 핸드볼 국가대표 주장이었던 아즈마 슌스케 씨입니다.

아즈마 씨는 현역 은퇴 후 핸드볼 진흥을 위해 힘쓰고 있었습니다.

한 번 보면 바로 알 텐데, 핸드볼은 엄청나게 힘들고 빠른 스포츠입니다. 슛을 던질 때는 온몸이 활처럼 휠 정도죠. 아즈마 씨는 키가 190센티미터를 넘는데, 만약 제가 함께 코트에 선다면 긴장 탓에 다리가 안 움직일 겁니다. 운동 약자인 저에게는 너무나 진입 장벽이 높은 스포츠라고 생각했습니다.

그런 나도 아즈마 씨와 대등하게 겨룰 수 있는 핸드볼이 있다면. 다 함께 즐길 수 있는 핸드볼을 만들면, 정식 핸드볼 팬까지 늘어나는 결과를 만들어낼 수 있지 않을까.

모범 사례인 버블 축구를 다시금 떠올려봤습니다.

'운동을 잘하는 사람도 못하는 사람도 버블을 몸에 두르고 있어. 상반신을 뜻대로 움직이지 못한다는 핸디캡을 모두 지니고 있는 거야. 그래서 다 함께 같은 수준에서 즐길 수 있어. 아,

그렇구나. 어떻게 보면 버블 축구는 장애인 스포츠야. 그럼 핸드볼에서 손을 못 쓰게 하면 어떨까…? 아냐, 그러면 더 이상 핸드볼이 아냐. 그래도 손에 핸디캡을 주려면 어떻게 해야 될까?'

한참 그런 생각을 하다가 구기 종목을 하던 제 모습을 떠올렸습니다.

'공이 나한테 날아와. 나는 거의 대부분 공을 놓치거나 리시브에 실패했어. 그러면 주위의 동급생들이 아… 하면서 한숨을 쉬었고. 그 견디기 어려운 분위기… 음? 잠깐만, 다른 사람들도 공을 놓칠 수밖에 없게 하면 어떨까? 가령 손이 미끌미끌해서 공을 잡기 어렵다면…?'

아즈마 씨 같은 핸드볼 도사가 '아차차.' 하면서 공을 놓치는 광경을 상상하니 왠지 가슴이 두근거리기 시작했습니다.

그럼 무엇을 써야 손이 미끌미끌해질까? '참마? 안 돼, 손이 가려울 거야. 음….' 이런 고민을 하며 손을 씻다가 퍼뜩 깨달았습니다. '비누를 바르면 손이 미끌미끌하잖아!'

게다가! 저는 카피라이터의 눈을 반짝였습니다. 손을 닦는 비누, 즉 '핸드 소프hand soap'와 '핸드볼'은 모두 '핸드'가 있는 닮은 단어입니다. "핸드 소프를 바르고 핸드볼. 핸드, 핸드… 핸드 소프…볼! 그래, 경기 이름은 '핸드소프볼'로 하자!"

예전에 코믹한 광고를 만들던 때의 즐거움이 단숨에 되살아났습니다.

목표는 패배해도 즐겁고, 다 함께 공유하고 싶은, 유머러스한 스포츠. 중요한 것은 뭐니 뭐니 해도 이름입니다. 듣는 순간 머릿속에 새겨지고, 어떤 스포츠인지 분명히 드러내는 동시에 인기 있을 법한 이름. '핸드소프볼'이라면, 한마디로 '비누를 이용한 지금껏 없던 구기 종목'이라는 점이 전해지고, '핸드볼'이라는 기존의 스포츠도 연상하기 쉽습니다.

흐름을 이어서 기본 규칙을 고안했습니다. '시합 직전에 선수가 손에 비누를 바르고 핸드볼을 한다. 만약 시합 중에 공을 놓치면 그 선수의 손에 비누를 추가한다. 시합 중에 비누를 추가해주는 사람은… 그래! 소퍼soaper라는 역할을 만들자.'

마치 광고의 스토리를 생각할 때처럼 상상이 멈추지 않았습니다.

최고의 비누를 연구하는 날들

이 단계에서는 아직 단순한 구상에 불과합니다. 과연 제대로 된 스포츠일지는 실제로 해보지 않으면 모르죠. 일단 여러 비누를 시험해서 가장 손이 미끌미끌해지는 것을 골라 시합을 해보기로 했습니다.

그 단계에서 중요한 문제가 대두되었습니다. 비누의 '미끌미끌 수명'이 짧아서 시합하는 사이에 손바닥이 끈적끈적해진 것입니다. '기분 나빠.' '도저히 핸드볼을 못 하겠어.' 하는 불만이 쇄도했습니다. 끈적함을 덮어버리려고 비누를 더 추가했더니 더욱 끈적거리며 지옥의 늪으로 빠져들었죠.

미흡한 점을 반성하고, 이번에는 비누에 점성이 있는 액체를 배합해서 핸드소프볼에 특화된 경기용 비누를 개발했습니다. 아트 디렉터인 회사 후배에게 로고와 병의 디자인까지 부탁해서 철저히 준비했죠.

그렇지만 두 번째 시합에서는 금세 손과 공이 건조해졌습니다. 여성들에게서 "손이 거칠어졌어."라는 꾸중을 들었습니다. 손을 미끈미끈하게 해야 하는데, 거칠거칠해서야 아무 소용이 없습니다.

이렇게 비누 이야기를 할 셈은 아니었는데, 이제 와서 멈출 수는 없겠군요. 죄송하지만 조금만 더 하겠습니다.

좋아, 이번에야말로. 저는 퇴근 후 집에서 내내 비누를 만드는 데 매달렸습니다. 졸린 눈을 비비며 '경기용 비누 개발이 핸드소프볼의 운명을 결정할 거야…'라고 스스로를 격려했죠.

비누와 사투를 벌인 날들은 광고 창작자로서 광고주에게 기획을 제안하기 위해 밤샘을 거듭하던 날들과 다르지 않았습니다. 비누를 완성하는 건 시작에 지나지 않아. 이 비누로 수많은 사람들이 핸드볼을 즐기게 하는 거야…! 지금 대체 무얼 하는 걸까 생각하기도 했지만, 당시 저는 진지하기 그지없었습니다.

드디어 삼세번의 마지막. '이번에도 잘되지 않으면 포기하는 게 나을지 몰라….' 그런 비장한 각오를 품었던 시합 당일. 마침내 저는 최고의 경기용 비누에 도달했고, 시합 분위기는 놀라울 만큼 뜨겁게 달아올랐습니다.

실수가 두렵지 않은
규칙을 만들자

시합을 앞두고 손에 비누를 바르면서 "와, 이것 좀 봐!" "엄청 미끄러워!"라며 단숨에 들뜨는 선수들.

시합이 시작되고 뜨거운 열기 속에서 진기한 순간과 절묘한 플레이가 이어졌습니다. 그리고 차례차례 새로운 전문용어가 태어났죠. 시합 전에 바르는 비누는 '스타팅starting 소프'. 시합하다 공을 놓쳐서 바르는 비누는 '어디셔널additional 소프'. 공이 경기장 밖으로 나갔을 때 공에 직접 바르는 비누는 '다이렉트direct 소프'.

누군가 좋은 플레이를 하면 자연스럽게 "나이스 소프!" 하는 응원이 오갔습니다. 수수께끼 같은 말이지만, 아무튼 다들 무척 즐거워했습니다.

핸드소프볼 경기 장면.

대단해. 시합을 하면 할수록 점점 진화하고 있어!

경기용 비누는 끈적거리지 않고 건조해지지도 않아서 그야 말로 시합에 이상적이었습니다. 황금비로 완성된 것이죠.

핸드소프볼의 백미는 공을 떨어뜨리거나 실수해서 일제히 웃음을 터뜨릴 때였습니다. 운동신경이 발군이어도 연거푸 공을 떨어뜨리고 "원 소프!"라는 심판의 선고를 받아서 같은 팀 소퍼에게 허둥지둥 뛰어가 비누를 추가합니다. 유쾌한 광경이 펼쳐질수록 그 자리는 폭소의 소용돌이에 빠져들었죠.

다른 스포츠에서는 공을 놓치면 "아아." 하며 다들 한숨을 쉬는데, 핸드소프볼에서는 다 함께 깔깔거리며 웃어줍니다. 그런 분위기에서는 더 이상 실수도 두렵지 않습니다.

시합이 끝나고 "나이스 소프!"라며 양 팀 선수들이 미끌미끌한 손으로 악수를 나누었습니다. 악수하는 것도 꽤나 고생이더군요. 그 덕에 마지막까지 모두 즐겁게 웃습니다. 그 자리는 충실함과 행복함으로 가득합니다.

문득 아즈마 씨와 눈이 마주쳤습니다. 둘 다 말없이 고개를 끄덕였습니다. 그 순간 하나의 스포츠가 임계점을 넘어 태어났습니다.*

그렇게 핸드소프볼 체험 행사는 대단원의 막을 내렸습니다. "또 하고 싶어요!" "다음에는 친구랑 같이 올게요!" 운동을 잘하는 사람도 못하는 사람도, 나아가 국가대표 선수도 같은 경기장에 서서 모두 실수를 연발하며 함께 웃었습니다. 심지어운동을 제대로 했을 때처럼 숨을 헐떡였고, 갈증을 느꼈습니다. 시합이 끝나고 먹은 밥은 최고로 맛있었죠.

저는 진심으로 감동했습니다. 스포츠 은퇴를 결심했던 내가시합 뒤에 이토록 상쾌한 기분을 맛보다니. 이런 순간이 내 인생에 찾아오다니.

처음으로 생각했습니다. '스포츠란 즐겁구나!' 저와 비슷한생각을 한 참가자가 틀림없이 더 있었을 겁니다.

* 핸드소프볼의 공식 홍보 영상을 다음 주소 또는 QR코드를 통해서 볼 수 있다. https://youtu.be/24saJfODPmU

이렇게 핸드소프볼은 완전히 새로운 스포츠 장르 '유루스포츠'의 종목으로 이 세상에 태어났습니다.

나를 출발점 삼아 마이너리티 디자인을 시작하자. 저는 유루스포츠 구상에 본격적으로 시동을 걸었습니다.

'이 세상에서 운동 약자를 없애겠다.'
세계유루스포츠협회 탄생

핸드소프볼 하나만으로는 단발성 광고 캠페인과 다르지 않습니다. 저는 앞으로도 점점 새로운 스포츠가 만들어지도록 '플랫폼' 그 자체를 만들고 싶었습니다. 그래서 운동 약자도 즐길 수 있는 스포츠를 다섯 가지 더 고안해내서 '유루스포츠'를 대대적으로 선보이자고 마음먹었죠.

어째서 '유루이ゆるい、느슨'라는 말을 골랐는지는 제가 쓴 다른 책『빡빡한 세계를 느슨하게 하다』*에 자세히 적었는데, 요약하면 기존의 '빡빡한 스포츠'와 전혀 다른 스포츠라는 점을 드러내고 싶었습니다.

일본버블축구협회를 함께 세운 하기와라 다쿠야 씨, 그리고

*『ガチガチの世界をゆるめる』百万年書房 2020.

광고회사의 프로듀서인 미도리카와 구미코 씨에게 협력을 요청해 협회 설립을 준비하기 시작했습니다. 또한 회사의 동료·후배, 여러 업계의 창작자들, 다양한 장애 당사자들에게 "실은 '유루스포츠'라는 걸 생각하고 있거든…." "같이 스포츠를 만들지 않겠어요?"라고 말을 걸었습니다. 흥미로워하는 사람들이 차례차례 동료가 되어주었죠.

유루스포츠의 정의를 명확히 하고 아이디어를 가다듬었습니다. 새로운 스포츠를 만들어보고, 시험해보고, 수정하는 동시에 로고를 제작하고, 스포츠 용구를 개발하고, 동영상을 촬영하고, 홈페이지를 정비했습니다. 눈이 핑핑 돌아갈 만큼 바쁜 날들이 이어졌죠. 만반의 준비를 마친 끝에 2015년 4월 10일 '세계유루스포츠협회世界ゆるスポーツ協会'가 탄생했습니다.

목표는 명확했습니다. '운동 약자를 이 세상에서 없애자.' 저처럼 운동을 싫어하는 사람이 이 세상에 한 명도 없게 하고 싶었습니다.

협회 출범 직후부터 언론에서 다뤄주었고, 금세 여기저기에서 "유루스포츠를 해보고 싶다."라든지 "함께 만들고 싶다."라는 많은 제안을 받았습니다.

세계유루스포츠협회의 홈페이지(위)와
'유루스포츠 랜드 2019'라는 이벤트의 현장 사진(아래).

걷지 못하는 사람이 강해지는
'애벌레 럭비'

장애인 아이스하키(썰매에 앉아서 하는 아이스하키) 국가대표 출신으로 2010년 밴쿠버 동계 패럴림픽 은메달리스트인 우에하라 다이스케 씨도 동료가 되어주었습니다.

어느 날, 그의 집에 놀러 갔다가 놀라운 장면을 목격했습니다.

우에하라 씨는 밖에서는 휠체어를 이용하지만, 집에서는 현관에 휠체어를 두고 방바닥을 기듯이 생활합니다.

"잠깐 차 좀 가져올게."라고 하더니 눈 깜짝할 사이에 '쉬리리릭!' 하며 부엌으로 이동하는 우에하라 씨. 저는 그 모습을 보고 깜짝 놀랐습니다. '어? 지금, 뭐였지? 어떻게 저렇게 빠른 거지?'

우에하라 씨에게 물어봤지만 "음… 글쎄. 늘 하는 거니까." 하고 대수롭지 않다는 듯한 표정을 짓더군요. 저는 숨어 있던 그의 능력을 꼭 활용해야겠다고 생각했습니다.

우에하라 씨 역시 저에게 고민거리를 이야기해준 적이 있습니다.

훈련을 위해 체육관을 빌리려고 하면 '휠체어 금지'인 곳이 많다는 것이었죠. '타이어 자국이 남을지 모른다.' '바닥이 상할지 모른다.' 그런 이유로 운동하기가 쉽지 않다고 했습니다. 패럴림픽 메달리스트조차 자유롭게 체육관을 쓸 수 없다니. 우에하라 씨 또한 제가 생각지 못한 유형의 운동 약자라는 사실을 알았습니다.

그렇다면 차라리 휠체어를 쓰지 않고—우에하라 씨가 '쉬리리릭!' 하며 보여주었듯이—바닥을 기면서 하는 새로운 스포츠를 만들 수는 없을까?

다만 단순히 바닥을 기어 다녀서는 게임의 벌칙처럼 보일 것 같았습니다. '바닥을 기어 다니는 행위에 무언가 필연성이 있어야 해. 그저 포복 전진만 하면 군대 훈련 같을 텐데. 더 느슨하고 즐거운 걸….'

그런 고민 끝에 고안한 것이 '애벌레 럭비'입니다. 다 함께 애벌레로 변신해서 데굴데굴 구르거나 쉬리릭 기는 스포츠죠.

애벌레를 모티브로 삼은 만큼, 애벌레 같고 보기만 해도 즐거운 경기복을 만들고 싶었습니다. 옷 만들기가 특기인 지인에게 개성 넘치는 경기복을 만들어달라고 부탁했습니다.

바닥을 기어 다니기 때문에 소재는 잘 미끄러지면서도 튼튼하고 통기성 역시 있어야 했습니다. 게다가 '귀여운 애벌레 디자인'이라는 주문도 빠뜨릴 수 없었죠.

핸드소프볼과 마찬가지로 시행착오가 계속되었습니다. 몇 날 며칠 동안 애벌레 경기복 개량에 매달렸습니다. '반드시 정

애벌레 럭비 경기 장면.

답이 있을 거야!' 반년 정도 시제품 제작과 검증을 반복하면서
조금씩 완성에 가까워졌습니다.

  그리고 마침내 애벌레 럭비가 데뷔하는 날.

  경기 규칙은 간단합니다. 다섯 명이 한 팀을 이뤄서 럭비를
합니다. 모두 애벌레 경기복을 입고 바닥을 뒹굴기 때문에 움
직일 때는 '기다.' 혹은 '구르다.'라는 선택지밖에 없습니다. 패
스도 기본적으로 굴리기뿐이죠. 상대편의 인골in goal 구역* 바
닥에 공을 대는 '애벌레 트라이'가 2점, 골대 삼아 두 개 세워

---

* 럭비에서 경기장의 골라인 바깥 직사각형 지역을 가리키는 말.

놓은 원뿔형 표지 사이를 향해 '애벌레 스로'를 해서 공이 표지 사이를 통과하면 3점. 혹시 위험한 행위를 하면 그 자리에서 드러누워 한동안 움직이지 못하게 하는 '애벌레 프리즈'가 벌칙으로 주어집니다.

우에하라 씨는 당연히 시합에 참여했습니다. 그 외에 한쪽 다리를 절단한 사람, 하반신 마비인 사람, 그리고 비장애인까지 함께 시합을 해보니….

예상대로 우에하라 씨는 엄청난 속도로 지면을 기어 다니며 화려한 플레이를 보여주었습니다. 필연적으로 우에하라 씨가 공격수가 되었고, 비장애인들은 수비수로 인골 구역을 지켰죠. 그렇게 정식 럭비 같은 역할 분담이 자연스레 이뤄졌습니다. 그리고 가장 중요한 점은 애벌레로 변신한 모습을 보면서 함께 깔깔거리며 웃고 땀범벅이 되도록 경기에 푹 빠졌다는 것입니다.

장애가 있는 사람도 없는 사람도 각자의 강점과 특성을 살릴 수 있고, 그러면서도 제대로 스포츠답게 뜨거운 승부가 펼쳐지는 애벌레 럭비. 그야말로 이상적인 유루스포츠였습니다.

대형 스포츠 용품 제조사까지 끌어들인 '아기 농구'

유루스포츠는 점점 여러 기업을 끌어들였습니다.

예를 들어 주식회사 카야쿠*와 공동 개발한 '아기 농구'. 카야쿠와 브레인스토밍을 하다가 떠오른 '공을 천천히 움직여야 하는 경기'라는 콘셉트에 따라 만들어진 스포츠입니다.

아기 농구에서 사용하는 공에는 센서와 스피커가 달려 있어서 강한 충격을 감지하면 "응애, 응애!" 하고 아기처럼 울기 시작합니다. 공이 울면 곧장 상대편에게 공을 넘겨야 합니다. 드리블은 꿈도 꿀 수 없고, 패스는 살며시 잡아야 하죠.

그런 규칙에서는 아무리 농구를 잘하는 사람도 속도를 낼 수 없기에 모두 평등하게 서투른 선수가 됩니다. 오히려 구기 종목에 능숙한 사람이 아니라 '모성이 있는 사람'이 유리하죠.

실제로 프로 농구 리그의 팬 감사 이벤트에서 아기 농구 시합을 해보면 키가 2미터 가까운 선수보다 팬이 잘할 때가 있습니다. 절묘한 페인트도 빠른 패스도 호쾌한 덩크슛도, 선수들이 지닌 강점은 전부 봉인되기 때문입니다.

* 웹과 SNS 홍보, 게임 개발, 이벤트 기획, 브랜딩 등 폭넓은 분야에서 활동하는 일본의 기업. 재미있는 아이디어를 추구하여 일반적으로 '재미법인 카야쿠'라고 불린다.

아기 농구 경기 장면.

　사실 아기 농구에는 스포츠 용품 제조사인 미즈노가 도중에
참여하여 센서와 스피커가 달린 공을 개발하는 중요한 역할을
맡아주었습니다.

　맞습니다. 지금까지 주로 운동 강자를 상대하던 대형 스포
츠 용품 제조사가 우리(운동 약자)의 동료가 되어준 것입니다.

　'산이 움직였다!' 저는 기쁨을 참을 수 없었습니다.

목표는 승리하는 방식의 다양화

강자와 약자가 함께 즐길 수 있는 스포츠를 생각해보라고 하면 많은 사람들이 이런 규칙을 제안합니다. '여성이 득점하면 점수를 두 배 주자.'

그렇지만 유루스포츠는 장애인이나 운동 약자를 '우대'하지 않습니다. 항상 모두에게 공정한 규칙을 설계합니다. 그래야 이겼을 때 더욱 기쁘니까요.

지금까지 있었던 스포츠의 환경에서는 오로지 '최강자'만 살아남을 수 있었습니다. 비유하면 '상어만 살아남은 바다' 같았던 것이죠. 하지만 그런 바다를 과연 풍요롭다 할 수 있을까요?

바다에는 고등어도, 꽁치도, 새우도, 문어도, 플랑크톤도, 산호도 있습니다. 풍요로운 자연이란 그처럼 다양한 생물들이 각자에게 적합한 환경에서 공존하는 곳을 말합니다.

바다 생물이 아니라 인간에게 대입해도 마찬가지겠죠. 모두가 각자 공존하는 곳이야말로 풍요로운 사회입니다.

'누군가를 우대하기 위해 핸디캡을 마련한다.' 이런 사고방식은 다수자의 사회에서 바라본 것에 불과합니다.

그게 아니라 승리하는 방식 자체를 바꾸면 되지 않을까?

기존 스포츠에서는 '강하거나' '빠르거나' '높은' 사람이 피라미드의 위쪽에 있었습니다. 하지만 '모성이 있다'든지 '잘 기

자석으로 약하게 연결된 기다란 역기를 떨어지지 않게 조심하며
얼마나 올렸다 내렸다 할 수 있는지 팀으로 겨루는 '스피드 리프팅'(위).

공을 때리기 가장 좋은 위치에 구멍을 뚫은 라켓을 이용해
숙련자일수록 실수하기 쉬운 '블랙홀 탁구'(아래).

어 다닌다'든지 하는 운동 약자의 다양성을 고려해서 승리의 방식을 만들 수도 있습니다. 새로운 규칙을 만들고, 전제 조건을 뒤집어서 기존의 승리 공식을 무효화하면 스포츠는 단숨에 카오스로 빠져듭니다.

즉, 우리는 수많은 편견과 고정관념이 가라앉아 있는 사회라는 수조에 유루스포츠라는 막대를 집어넣고 빙글빙글 휘저어서 전부 섞기 시작한 것입니다.

아이디어를 내는 것은
새로운 출발선을 그리는 것

한참 동안 유루스포츠에 대해 생각하다 보니 한 가지 물음이 싹텄습니다.

'장애인과 비장애인의 경계는 대체 무엇일까?'

유루스포츠는 스포츠라는 매개를 이용해서 장애인과 비장애인 사이의 장벽에 다시금 의문을 제기합니다.

장애의 유무를 초기화하여 계층 관계를 없애면 배리어 프리 barrier free가 실현됩니다. 그러면 어떤 의미로는 '올림픽'과 '패럴림픽'으로 단절되었던 장애인과 비장애인이 자연스레 교류할 수 있습니다. '마음속에 배리어 프리를!' 같은 문구가 쓰인 포스터로 호소하는 것보다 다 함께 애벌레 럭비를 3분 하는 게 장애인과 비장애인을 훨씬 사이좋게 만들 수 있습니다.

그동안 스포츠는 운동 강자를 출발선에 두고 진화해왔기 때문에 소수의 사람들만 활약할 수 있었습니다. 강자와 약자 사이의 계곡은 갈수록 넓고 깊어졌지요.

그렇지만 새로운 전제 조건을 만들어주면 기존의 규칙에서 능력을 발휘하지 못한 사람도 주인공이 될 가능성이 생겨납니다. 저는 그런 사실을 알고는 '창작자'의 역할을 새롭게 인식했습니다.

이 사회에 새로운 아이디어를 내서, 새로운 출발선을 긋는 것. 그것이야말로 '창작자'라고 불리는 우리의 일이라고 깨달은 것입니다.

장애인만이 아닙니다.

오늘날 적지 않은 사람들이 아무것도 못해, 능력을 발휘할 수 없어, 맘대로 되지 않아…라면서 무력감을 느끼고 있습니다. 일본재단이 2019년에 조사한 「18세 인식조사」의 결과를 보면 '내가 국가와 사회를 바꿀 수 있다.'라고 답한 청년이 18.3퍼센트에 불과했다고 하죠.

오늘날이 '허무의 정점' 같은 시대이기 때문에 더욱 다양한 장소에 출발선을 잔뜩 그려서 누구나 자신만의 경주를 할 수 있게 해야 합니다. 다 같이 완전히 새로운 출발을 하는 겁니다.

그러면 먼저 경험해본 사람이 없기 때문에 모두 평등합니다. 누구나 주인공이 될 가능성이 있는 것이죠.

스포츠를 본래대로 돌려놓다

제가 해온 일들은 대단한 것이 아닙니다. 되도록 '느슨한 편'을 추구했지요. 마치 어릴 적 친구에게 "○○야, 놀자!"라고 말을 걸듯이 "유루스포츠 만들자." "재미있으니까 함께하자."라고 제안했습니다.

'느슨하다'라는 말에서는 왠지 자유가 느껴지지 않습니까?

느슨하고 즐거운 세계관에 빠지다 보면 어느새 모르던 사람을 알게 되고, 사이가 돈독해집니다. 자기 자신도 좋아하게 되지요. 그런 세계를 만들고 싶었습니다. 마음먹은 이상 해볼 수밖에 없었죠.

그리하여 '세계유루스포츠협회'는 2015년에 출발한 순간부터 계속해서 달리고 있습니다.

2021년 현재까지 유루스포츠를 체험한 사람이 10만 명을 넘어섰는데, 그중 절반 정도는 '운동을 안 하는 사람' 혹은 '스포츠를 꺼리는 사람'이었습니다.

달리 말하면, 지금까지 5만 명의 '운동 기피'를 '운동 선호'

로 바꿨다고도 할 수 있습니다.

스포츠업계의 높은 분이 "이런 건 스포츠가 아냐!"라고 한 적이 있습니다. 어떤 마음일지 이해합니다. 스포츠를 절대적인 종교처럼 여기던 사람에게 웬 문외한이 "안녕하세요. 느슨한 종교를 한번 만들어봤는데요."라고 말한 셈이나 마찬가지니까요. 화가 날 법하지요.

그렇지만 사실 '스포츠sports'의 어원에는 라틴어 '데포르타레deportare'가 있습니다. 직역하면 '항구(일상)를 떠나다' 또는 '슬픔을 가져가다', 즉, 기분 전환과 휴식을 뜻하는 말이죠.

본래 스포츠에는 쓸모 있고 생산적인 것에 지친 인간에게 '기분 전환'을 제공하는 의미가 있었던 것입니다. 그러니 유루 스포츠는 스포츠를 본래 모습대로 되돌렸을 뿐입니다.[*]

카피를 쓰는 데서 나아가
'놀이터'를 만들다

"새로운 스포츠를 만들어보지 않겠어요?"

많은 사람들에게 제안하다 보니 눈 깜짝할 사이에 동료가

[*] 유루스포츠의 소개 영상을 다음 주소 또는 QR코드를 통해서 볼 수 있다. https://vimeo.com/433885569

300명 넘게 모였습니다.

강연을 하면 종종 듣는 질문이 있습니다. "어떻게 그렇게 많은 사람들을 끌어들일 수 있었나요?"

일단 "나도 운동을 못해요!"라며 저와 같은 콤플렉스를 지닌 사람들이 많이 모였기 때문입니다. '약점'이 사람 사이를 연결해 유대 관계를 만든 것이죠.

또 다른 이유로는 많은 사람들이 "그거 재밌겠다!"라며 제제안에 순수하게 끌렸기 때문입니다.

일을 하면서 주어지는 과제는 어쩔 수 없이 한정되게 마련입니다. 일하는 사람에게 과제란 마음속에 불을 붙여주는 불씨여야 하는데, 실제로는 좀처럼 그 불씨를 만나지 못하죠. 그러던 와중에 '운동 약자를 이 세상에서 없애겠다.'라는 유루스포츠의 목표를 보고 마음에 불이 붙은 사람들이 있었던 겁니다.

많은 사람들이 부업, 혹은 자원봉사로 참여해주었습니다. 유루스포츠가 내건 비전과 구호, 또는 마이너리티 디자인의 가치를 인정해주었기 때문이라고 생각합니다. 이제는 유루스포츠를 본업으로 삼은 멤버도 있습니다.

아마 보통 카피라이터였다면, '핸드소프볼'이라는 명칭을 떠올린 시점에서 손을 뗐을 것입니다. 많은 사람들의 관심을 불러일으킨 것으로 모객이라는 목표는 달성했으니까요.

그렇지만 거기서 더욱 나아가 세계유루스포츠협회를 설립

하고, 목표를 명확히 세우고, 다 함께 스포츠를 만들어낼 수 있게 했습니다. 그랬기 때문에 개인, 기업, 단체, 자치단체 등이 장기적인 관점으로 각자의 동기를 지니고 협력할 수 있는 '새로운 놀이터'로 유루스포츠를 인식해주었다고 생각합니다.

유루스포츠는 캠페인이나 텔레비전 광고를 만드는 일처럼 한순간에 소비되고 끝나는 것이 아니었습니다.

유루스포츠라는
새로운 매체

애초에 대형 광고회사의 강점은 '강력한 매체력'입니다. 텔레비전, 신문, 라디오 등 대중매체의 광고란을 한꺼번에 구입해서 광고주 각각에 어울리는 광고 계획을 제공하는 것이죠. 거칠게 말해서 저 같은 창작자가 생각해내는 광고의 내용 자체는 '부록' 같은 것입니다.

그렇지만 해가 갈수록 대중매체의 광고비는 감소하고 있습니다. 그 대신 대두된 것이 인터넷이죠.

1990년대 후반부터 조금씩 늘어난 인터넷 광고비는 2004년 라디오, 2007년 잡지, 2009년 신문의 광고비를 추월했고, 마침내 2019년에는 텔레비전 광고비보다 많아졌습니다.

혼자 사는 청년 중에는 집에 텔레비전이 없는 사람도 많죠. 이제 광고업계의 주 무대는 트위터와 유튜브 같은 온라인 세계입니다. 단, 그곳에서 광고는 '보고 싶은 콘텐츠를 방해하는 존재'에 지나지 않습니다. '광고 건너뛰기' 기능이 당연하다는 듯이 있으니까요.

바로 그렇기 때문에 지금은 그 어느 때보다 창작의 가치가 높아졌다고도 할 수 있습니다.

매체의 전파력이나 매체 친화성에 얽매이지 않고, 아이디어 자체가 강력한 힘을 발휘하여 확산되고 사람들의 의식을 사로잡는 시대. 지금 필요한 것은 '매체를 창조해내겠다.'라는 발상이라고 저는 생각합니다.

새로운 매체는 한순간 소비되지 않고, 장수합니다. 나아가 그곳에서 수많은 기업과 사람들이 교류하여 결과적으로 많은 사람들에게 정보가 전파되지요.

유루스포츠는 사실 '새로운 매체'이기도 합니다. 운동 약자라는 수천만 명에게 도달할 가능성이 있는, 일종의 '대중매체'지요.

실제로 많은 기업이 유루스포츠를 '매체'라고 파악하고 있습니다. 협업할 기회도 늘어나고 있지요. 일본코카콜라, AGC, 소고·세이부 등… 그 사례 중 하나를 소개하겠습니다.

광고 대신
스포츠를 만들다

세계유루스포츠협회는 기업들에게서 여러 의뢰를 받고 있습니다. "부모 자식이 함께할 수 있는 새로운 스포츠를 만들어 다음 행사에서 선보이고 싶다." "운동을 못하는 중학생과 운동이 특기인 중학생이 대등하게 경쟁할 수 있는 스포츠를 만들었으면 한다." 그중에서 가장 많은 의뢰는 "우리 회사의 자산(기술)을 활용해서 스포츠를 만들고 싶다."입니다.

2018년에는 전자통신기업 NEC와 함께 '얼굴 빌리기 경주'라는 유루스포츠를 만들었습니다.

계기는 원래 저와 사이좋은 친구였던 NEC의 야마모토 씨가 고민을 이야기한 것이었습니다.

야마모토 씨는 NEC에 입사 후 부흥청復興庁[*]에 파견을 가서 동일본 대지진과 관련한 다양한 부흥 지원을 기획했습니다. 그러다 2014년에 다시 회사로 돌아갔는데, NEC가 2020년 도쿄 올림픽 공식 후원사가 되면서 올림픽·패럴림픽과 관련한 사업 추진을 맡게 되었지요.

---

[*] 일본의 행정기관으로 2011년 동일본 대지진이 일어난 후 피해 복구와 부흥 등을 맡기 위해 2012년 설립되었다.

그는 '광고와 무언가 다른 방식으로 올림픽·패럴림픽과 연동한 활동을 일으킬 수 없을까?'라고 고민하고 있었습니다. 맘먹고 예산을 들여서 광고를 만들어도 별다른 차별화를 못하고 사장될지 모른다는 위기의식 때문에 저에게 상담을 청한 것이었죠.

단순한 '이미지 업'만으로는 큰 효과를 바라기 어려운 오늘날. 아예 새로운 현실을 만들고 싶은데. '그 기업만이 할 수 있는 표현' 같은 게 있지 않을까. 필연적으로 그 기업이 해야 하는 기획이 없을까.

그렇게 생각한 저는 야마모토 씨에게 NEC가 보유한 첨단 기술들에 대해 알려달라고 했습니다. 야마모토 씨가 알려준 것 중 하나가 '얼굴 인식 기술'입니다.

NEC의 얼굴 인식 기술은 '정확도와 속도 모두 세계 최고'라고 일컬어질 만큼 뛰어나다고 합니다. 공항과 행사장 등에서 쓰인다는데, 어디까지나 '그늘에서 힘쓰는 역할'이라 두드러지지는 않았죠. 저는 그 기술에 스포트라이트를 비추고 싶었습니다. 그런 기술의 대단함은 듣는 게 아니라 직접 체험해봐야 제대로 이해할 수 있습니다. 그래서 저는 광고 대신 얼굴 인식 기술을 이용해서 새로운 유루스포츠를 만들자고 제안했습니다. 그 결과가 바로 '얼굴 빌리기 경주'입니다.

회사의 후배 아트 디렉터와 기획자가 중심이 되어 아이디어

'얼굴 빌리기 경주'의 경기 모습. 두 사람이 얼마나 닮았는지 NEC의 기술로 채점한다.

를 실현해주었습니다. '물건 빌리기 경주'[*]에서 물건이 아니라 사람을 빌리도록 바꾸어 자기와 얼굴이 가장 닮은 사람을 찾는 스포츠를 만들어냈죠.

　규칙은 다음과 같습니다. 출발 신호가 울리면 90초 내에 경기장에서 '자기와 얼굴이 닮았다'고 생각하는 사람을 찾아 함께 결승선으로 가야 합니다. 결승선에서 NEC의 기술로 두 사람의 얼굴을 고속 스캔합니다. 순식간에 '두 사람이 얼마나 닮았는지'가 100점 만점으로 표시되고, 그 점수가 가장 높은 조

[*] 일본에서 운동회 등에 자주 하는 경기. 달리기 경주를 하다 코스 중간에 놓인 쪽지를 펼쳐서 거기에 쓰인 물건을 친구나 관객에게서 빌려 결승선을 통과해야 한다.

가 경주에서 우승합니다.

이 스포츠는 최종적으로 얼굴 인식 기술의 판정이 승패를 결정합니다. 즉, 기업이 지닌 기술 그 자체가 눈에 띄는 '주인공'인 것입니다. NEC의 기술 없이는 아예 불가능한 스포츠입니다.

결과를 말하면, '얼굴 빌리기 경주' 덕에 NEC의 기술은 텔레비전 광고가 아닌 뉴스를 통해 전국에 알려졌습니다. 새로운 유루스포츠를 소개하는 뉴스에서 거의 대부분 "NEC의 얼굴 인식 기술에 기초해 만들어진…" 또는 "승패의 열쇠는 NEC의 얼굴 인식 기술로…"라며 기업의 정보를 중심에 두었기 때문이죠.*

마지막 몇 초만 나오는 로고가
영 꺼림칙했다

혹시 이런 광고를 본 적 있나요?

매우 감동적인 드라마가 나오는가 싶었는데, '15초의 마지막 3초 동안 기업 정보가 나오는' 광고 말입니다. 저는 예전부

---

* 얼굴 빌리기 경주의 공식 홍보 영상을 다음 주소 또는 QR코드를 통해서 볼 수 있다. https://youtu.be/JP7r7qakHpI

터 그런 광고가 영 불편했습니다.

왜냐하면… 어느 회사의 광고였는지 기억나지 않기 때문입니다. 이걸 광고회사 사람들에게 말하면 "뭐? 진짜?" "나는 기업 이름도 인상에 잘 남았는데."라고 합니다. 그러니 단순히 제 인지 능력이 문제인지도 모릅니다. 하지만 광고인은 프로인 만큼 일반 시청자보다 훨씬 주의 깊게 광고를 봐서 그런 것 아닐까요.

대형 스포츠 이벤트의 후원사 광고는 대부분 형식이 정해져 있습니다. '노력하는 운동선수의 모습' + '응원하는 사람들' 또는 '비슷하게 노력하는 회사원', 그리고 마지막 3초 동안 '스포츠 이벤트와 후원사의 엠블럼'.

이런 광고, 본 적 있겠죠.

힘들게 일류 선수를 섭외해놓고 왜 다들 무난하기 그지없는 광고만 만들까 하는 생각이 들지 않나요. 솔직히 저는 어느 광고가 어느 기업의 것인지 전혀 모르겠습니다. (죄송합니다.)

저는 이처럼 무난하기 그지없는 광고가 '픽션'을 만드는 것의 한계를 보여준다고 생각합니다.

분량은 15초, 운동선수 출연은 필수, 회사원도 반드시 등장. 이런 제약이 있으면 어쩔 수 없이 창작물의 내용이 정해져버립니다. 앞서 제약은 창작자의 날개라고 했지만, 그 제약이 다른 회사와 겹치면 겹칠수록 아이디어가 서로 비슷해지는 것은 피할 수 없습니다.

그 때문에 저는 창작자가 새로운 픽션이 아니라 새로운 현실을 만들어야 한다고 생각합니다. 제가 말하는 것은 증강현실AR도 가상현실VR도 혼합현실MR도 아닙니다. 이 세계에 새로운 현실, 즉 'NRnew reality'을 만드는 것입니다. 그러면 표현의 폭도 더욱 넓어집니다.

사례 ⑤

BtoB에서 BtoC로 향하는 길, '완급 경주'

'티에스 테크TS Tech'라는 기업의 가쿠 히로유키 씨도 새로운 현실을 만들어낼 아이디어를 찾는 사람이었습니다.

NEC가 주최한 세미나에서 얼굴 빌리기 경주 등을 강연한 날의 일입니다. 강연이 끝난 뒤 가쿠 씨가 저에게 말을 걸었습니다.

가쿠 씨는 '티에스 테크'를 50년 넘게 혼다의 자동차 시트를 만들어온, '앉기를 철저히 파고든' 회사라고 소개했습니다. 지금까지 추구한 '안심·안전'과 '쾌적'에 더해 앞으로는 '즐거움'과 '건강'이라는 방향으로도 의자를 진화시키려 한다고 했죠.

티에스 테크의 의자에 앉아 완급 경주를 하는 모습.

시험 삼아 시트에 센서를 열두 개 설치해서 앉은 채로 할 수 있는 스포츠를 만들어봤는데 무척 반응이 좋았다고 가쿠 씨가 이야기하더군요. 다만 앞으로 어떻게 개량하고 발표해야 할지 잘 모르겠다고요.

"어떻게든 앉는다는 개념 자체를 바꾸고 싶어요!" 가쿠 씨의 이야기에서는 진심이 느껴졌습니다.

이 사람에게 무언가 도움을 주고 싶다. 가쿠 씨의 열의에 감탄한 저는 "함께 스포츠를 만들죠!"라고 말했습니다.

일단 여성 휠체어 이용자 세 명으로 구성되어 모델 활동과 강연회, 배리어 프리 컨설팅 등을 하는 '비욘드 걸스BEYOND

GIRLS'*에 감수 역할로 참여해달라고 요청했습니다. '휠체어를 이용해 생활하는 그들이 이른바 건강하고 운동을 잘하는 사람에게도 이길 수 있을까?' 이 질문을 마이너리티 디자인의 개발 목표 중 하나로 삼았죠.

'완급 경주'는 그렇게 탄생했습니다. '티에스 테크'의 의자에 앉아서 몸을 움직이면 센서가 신체 정보를 인식하고, 그에 맞춰 화면 속의 선수가 달리는 구조입니다. 리모컨을 손에 들고 하는 게임 「위 스포츠Wii Sports」를 의자로 하는 듯한 스포츠죠. 의자 자체가 게임기의 컨트롤러인 셈입니다. 그래서 참가자도 '애슬리트athlete, 운동선수'가 아닌 '이스리트'라고 이름을 지었습니다.**

경기 중에는 열심히 움직여야 하는 '급' 구간과 반대로 움직이면 안 되는 '완' 구간이 교대로 나타납니다. 선수는 의자에 앉아서 격렬하게 움직이다가도 구간이 바뀌면 곧장 마치 명상하듯이 꼼짝도 하면 안 되죠. 이 완급이 반복되는 게 직접 해도 재미있고 옆에서 봐도 재미있습니다.***

* 2017년 '차이를 즐기자.'라는 모토 아래 편견과 고정관념을 뛰어넘어 새로운 도전을 하기 위해 세 명의 여성 장애 당사자들이 결성한 단체다.
** 일본어에서 '애슬리트'는 '아스리트(アスリート)'라고 발음하고, 의자는 '이스(いす)'라고 한다. '아스'와 '이스'의 발음이 비슷한 것을 이용해 만든 단어다.

*** 완급 경주의 공식 홍보 영상을 다음 주소 또는 QR코드를 통해서 볼 수 있다. https://youtu.be/rQicV2yDxQU

완급 경주 역시 얼굴 빌리기 경주처럼 스포츠의 중심에 기업의 기술이 있습니다. 경기를 설명할 때도 꼭 "티에스 테크가 개발한 특수한 의자를 사용합니다."라고 했습니다. 행사장에서 발표하자 큰 인기를 끌었고, 티에스 테크의 직원들은 "기업 대상으로 오랫동안 만들어왔던 의자를 고객에게 직접 전할 수 있어 기쁩니다." 하는 감상을 들려주더군요.

더 나아가 티에스 테크는 완급 경주에 사용한 의자와 센서 시스템을 '사랑받는 의자'라는 이름으로 제품화까지 했습니다. 의자에서 얻은 데이터를 건강관리 분야에 응용하기 시작하며 '자동차 의자만 만드는 회사'에서 벗어나려 하고 있죠.

'의자에 앉은 채로 스포츠를 즐겨보자.' 이런 느슨한 생각이 기업의 사업에 큰 변혁을 일으키기 시작한 것입니다.

텔레비전 광고와 포스터만
만들 필요는 없다

유루스포츠를 시작한 뒤로 우리 주위에 뛰어난 기술이 '묻혀 있다'는 사실을 알게 되었습니다. 좀더 자랑스레 드러내도 좋을 텐데 말이죠. 그걸 뒷받침하는 데이터도 있습니다.

MIT미디어랩의 물리학자 세자르 히달고는 경제복잡성지표

ECI라는 것을 제창했습니다. 산업의 다양성과 희소성이 높을수록 지수가 높아지는데, 일본은 2000년 이후 계속 1위를 유지하고 있습니다.[*] 즉, 산업구조가 다양화되어 있고, 희소성 있는 제품을 만들고 있다는 뜻입니다.

그렇지만 그런 세계적 기술이 일반 대중과는 동떨어져 있습니다. 무엇에 도움이 되는지도 알기 어렵죠. 개발자가 "이얍!" 하고 제품을 만들어도 그 뒤의 홍보, 유통 등 청사진이 백지인 경우가 종종 있습니다.

기업(기술)과 대중. 둘 사이의 접점을 만들 때 필요한 것이 바로 '새로운 현실'입니다. 더 이상 텔레비전 광고나 픽션만 만들 필요는 없는 것입니다.

사례 ⑥

누구나 창작자가 될 수 있다, '핸드방어볼'

유루스포츠는 기업뿐 아니라 여러 지방자치단체와도 협업했습니다. 도야마현의 히미시와 함께 만든 '핸드방어볼'도 그

---

[*] 세계 주요국 ECI 순위에서 한국은 2010년 10위, 2019년 5위에 올랐다.

'핸드방어볼'의 경기 모습. 옆구리에 방어 인형을 끼고 있다.

런 사례 중 하나입니다.

　겨울철 방어(먹고 싶네요.) 산지로 유명한 히미시에서 의뢰한 내용은 "핸드볼을 이용해서 우리 지역을 알리고 싶다."라는 것이었습니다. 알고 보니 히미시는 매년 봄에 핸드볼 전국중학선수권대회를 개최할 만큼 핸드볼이 인기 있는 지역이더군요.

　그야말로 유루스포츠가 나설 절호의 기회였습니다.

　우선 세계유루스포츠협회의 하기와라 씨가 진행을 맡아서 히미시 주민과 함께 워크숍을 진행했습니다. 핸드볼을 어떻게 바꾸면 히미시의 매력을 전할 수 있을까? 그러다 소재로 대두된 것이 히미시의 특산품 방어입니다.

그렇다면 방어와 핸드볼을 조합해서 어떤 스포츠를 만들 수 있을까? 어떻게 해야 빡빡하고 어려운 핸드볼을 방어의 힘으로 느슨하게 만들 수 있을까? 그런 의문에 답을 찾은 결과 탄생한 것이 '핸드방어볼'입니다.

기본적인 규칙은 핸드볼을 모방했지만, 선수들이 옆구리에 '방어 인형'을 끼고 있다는 점이 다릅니다. 그리고 득점하면 방어 인형이 '출세'[*]하여 거대해집니다.

즉, 득점할 때마다 옆구리의 방어가 '고즈쿠라' → '후쿠라기' → '간도' → '부리'(모두 히미시에서 방어를 부르는 이름입니다.)로 거대해지며 경기를 하기 어려워집니다. 자연스레 '아, 방어를 이렇게도 부르는구나.' 하고 배울 수 있게 규칙을 설계한 것이죠. 그리고 시합 종료 시점에 더욱 많은 방어를 '출세'시킨 팀이 승리합니다.[**]

대단한 점은 유루스포츠를 만든 사람들이 히미시의 시민들, 바로 당사자였다는 점입니다. 지금까지 광고회사나 외부 인사에게 맡기기만 했던 '새로운 것을 창작하는 행위'를 당사자들이 직접 해냈죠.

---

[*] 일본에서 방어는 성장 단계에 따라 이름이 달라진다. 일본에서는 방어처럼 성장하면서 이름이 바뀌고 점점 가치가 높아지는 생선을 '출세어(出世魚)'라고 한다.
[**] 핸드방어볼의 공식 홍보 영상을 다음 주소 또는 QR코드를 통해서 볼 수 있다. https://youtu.be/qQlMCkXiUp8

간단히 말해 당사자들이 "처음으로 창작자에 제 이름을 올렸어요!" 했다는 말입니다.

한동안 지방자치단체들은 광고회사에 의뢰해서 '세간의 유행을 따라 하는 영상'을 만들고 선전에 활용했는데, 과연 얼마나 효과가 있었을까요?

이번에도 저의 개인적인 경험을 바탕으로 이야기해서 죄송하지만, 저는 그처럼 유행에 편승한 영상을 보고 해당 지역의 특산품을 사거나 실제로 방문한 적이 없습니다. 어느 지자체에서 어떤 영상을 만들었는지도 기억하지 못하고요.

그래서 저는 지방자치단체와 일할 기회가 생기면 일부러 "빨리 광고회사에서 졸업하세요." 같은 말을 합니다. 그럴 수 있도록 콘셉트와 카피를 구성하는 법, 홍보 방법 등을 전부 전해줍니다. 왜냐하면, 당연한 말이지만 창조성이란 모든 사람에게 있기 때문입니다.

사람은 어른이 될수록 상식을 알고, 규범을 배우고, 사회를 겪으면서 창조성을 잃어버립니다. 정확하게 말하면 '잃어버린 것'은 아닙니다. 마음속 깊은 곳의 서랍에 '넣어두었을 뿐'이죠. 사람들이 그 서랍을 열 수 있도록 도와준 것이 유루스포츠입니다.

유루스포츠를 계기로 모든 사람들의 창조성이 다시 꽃피면 좋겠습니다.

누구나 어린 시절 공원이나 학교 운동장에서 맘대로 놀이를 만들어낸 경험이 몇 번은 있을 것입니다. 그때의 마음을 떠올리면서 우리가 알려주는 '스포츠를 만드는 방법'에 따라 자유롭게 생각하면 됩니다. 요즘은 기업이나 자치단체뿐 아니라 초등학생 대상으로도 스포츠를 만들어볼 기회를 자주 마련하고 있습니다.

결론

유루스포츠 = 수백억 엔의 광고

새로운 유루스포츠 종목을 발표하면 여러 매체에서 연락이 옵니다. 특히 니혼테레비의 「슈이치シューイチ」*와 NHK의 「안녕 일본おはよう日本」**에서 종종 소개해주었습니다. 매체에서 소개해준다는 것은 '보도 가치가 있다'고 인정했다는 뜻입니다. 사회가 인정해주었다고 바꿔 말할 수도 있겠죠.

유루스포츠의 영향력을 가장 알기 쉽게 전하기 위해 잠시 돈 이야기를 하겠습니다.

---

* 일본의 지상파 방송국인 니혼테레비에서 매주 일요일 아침에 방송하는 뉴스·정보 프로그램.
** 일본의 공영방송국인 NHK에서 매일 아침 방송하는 뉴스·정보 프로그램.

홍보업계에서는 종종 '광고환산가치'라는 지표를 사용합니다. 텔레비전과 신문 등 매체에 노출된 시간과 기사량을 광고비(돈)로 환산한 것입니다.

지금까지 이뤄진 유루스포츠의 광고환산가치는, 수백억 엔 규모입니다. 거의 매달 매체에서 유루스포츠에 대해 무언가 언급하고 있기 때문이죠.

수년 전, "이제 광고를 만들지 않는 광고인이 되겠습니다."라고 선언했을 때, 대부분 사람들은 잘 모르겠다고 했습니다. "그거 돈은 돼?"라고 대놓고 말한 사람도 있었죠.

대화해본 적도 없는 거물 크리에이터가 "사와다는 광고에서 도망친 거야."라고 험담했다는 소문도 들었습니다.

저는 그 말을 듣고 '아, 잘되겠는데!'라고 생각했습니다. 주류의 한가운데 있는 사람이 "잘 모르겠다."라며 적대시하고 멸시하는 곳. 그런 변경에야말로 다음 주류의 가능성이 있다고 생각했으니까요.

한번은 회사의 채용 홈페이지에 제가 '선배'로 소개되었습니다. 이렇게 엇나간 일을 하고 있는데 말이죠.

어느 해의 대졸 신입사원 최종 면접에서 있었던 일입니다. 면접관인 임원이 "우리 회사의 일 중에서 좋아하는 게 있는가?"라고 질문했습니다. 그 질문에 무려 예닐곱 명 중 한 명꼴로 "유루스포츠"라는 답이 나왔다고 합니다.

솔직히 깜짝 놀랐습니다. 광고를 만들지 않는 광고 창작자가 막무가내로 추진한 '유루스포츠'가 정정당당하게 회사의 인정도 받았으니까요. 겨우 몇 밀리미터에 불과하겠지만, 광고회사가 변화를 향해 움직였다는 증거일지도 모릅니다.

"시장을 점령한다."라는 무서운 말

이 책을 한창 쓰던 중에 사토나오 씨와 만날 기회가 있었습니다. 앞서 2013년에 사토나오 씨의 블로그 글을 보고 머리를 한 대 얻어맞은 듯한 충격을 받았다고 했지요. 한 시간 정도 대화했는데 이런 이야기를 하더군요.

"가끔 '고객을 포위한다.'라든지 '시장을 점령한다.' 같은 말을 하는 사람이 있죠. 저는 그런 말투가 싫어요. 절대로 써서는 안 되는 말이라고 생각해요."

흔히 쓰는 '타깃'이라는 말도 본래 궁술이나 사격의 과녁을 뜻하죠. 어떤 사람은 수수하게 전화를 걸거나 길에서 전단지를 뿌리는 방식을 '지상전', 텔레비전이나 신문 등 대중매체를 사용하는 방식을 '공중전'이라고 표현하기도 합니다.

저 역시 참 무례한 말투라고 생각합니다. 감정을 지니고 살아가는 인간을 상대하는데 말이죠.

우리는 시장을 점령하는 아이디어를 내야 하는 것일까요? 정말로 그게 전부일까요?

일의 규모가 커질수록 고객의 모습은 흐릿해집니다. 피가 흐르는 인간이라는 사실을 알기 어려워지지요.

고층 빌딩의 20층인지 30층인지, 아무튼 높은 층에서 거리를 내려다보면서 파워포인트로 발표 자료를 수십, 수백 장 만듭니다. 점심은 대체로 구내식당이나 편의점에서 해결하죠. 어쩌다 회사 사람들과 좀더 좋은 점심을 먹기도 하지만요. 식사한 뒤에는 회의실에 틀어박히고, 틈틈이 수백 통씩 오는 메일에 회신하다 보면 어느덧 해가 저뭅니다. 저도 이런 식으로 일했던 시절이 있습니다.

그렇지만 바로 그래서 핵심을 찌르는 것을 만들지 못했습니다.

저의 스승 중 사토 마사히코 씨라는 분이 있습니다.

NHK교육방송의 인기 프로그램 「피타고라스위치」, 폭발적인 인기를 얻은 동요 「경단 3형제」를 비롯해 수많은 기업의 광고를 기획한 유명 광고인이지요.

제가 입사했을 때 사토 씨가 "이번 신입 중 네 명을 선발해서 1년 동안만 가르치겠다."라고 했습니다. 저도 어쩌다 보니 그 네 명 중 한 명이 되었죠.

사토 씨와는 3, 4주마다 한 차례씩 만났는데, 무척 귀중한 시간이었습니다.

한번은 사토 씨가 도요수산의 컵라면인 '핫 누들' 광고를 만들 때의 일을 이야기해주었습니다.

사토 씨는 아이디어를 떠올리기 위해 한동안 계속 슈퍼마켓의 라면 코너에 서서 손님들을 관찰했다고 합니다. 이따금씩 "죄송합니다. 뭐 좀 여쭤봐도 될까요?"라며 말을 걸어서 누가 어떤 목적으로 무엇을 원해 그 상품을 골랐는지 인터뷰도 했고요. "고등학생인 아이가 늦게까지 공부하는데 기다리면서 야식으로 먹으려 한다."든지 "혼자 자취를 하는데 간단하고 맛있어서 이걸 골랐어요."라든지. 그처럼 살아 있는 목소리를 듣고 싶었다고요.

마찬가지로 저는 되도록 밖으로 나가 회사와 떨어지려 했습니다. 당사자와 차를 마시거나 밥을 먹으면서 현실에서 어떤 어려움을 겪고 있는지 알게 되었습니다. 체육관과 풋살 경기장에 가서 모두와 대화하며 신체적인 관점에서 생각하기도 했고요.

'과제 부족'이라니, 애초에 장소를 잘못 고른 것 아닐까

최근 수년 동안 '아이디어 개발'이 아니라 '과제 발견'이 중요하다는 말을 자주 듣습니다. 하지만 '과제를 찾을 장소를 잘

못 고른 것 아닐까?'라는 생각이 드는 경우도 많습니다.

우선 과제가 너무나 큰 경우.

"일단 SDGs에 따라서 해결해야 할 과제를 찾아봅시다!"라는 말을 종종 듣는데, UN이 정해서 그런지 SDGs에 담긴 과제들은 아무래도 거시적인 관점으로 쓰여 있습니다.[*] 그 때문에 실제로 일하는 한 사람 한 사람이 스스로 해낼 수 없는 것이 많지요.

그리고 앞서 적었듯이 중요한 과제가 더 이상 없는 대중(중산층)에게서 억지로 과제를 찾으려 하는 경우가 있습니다.

이토이 시게사토[**] 씨가 세이부백화점의 광고에 "원하는 것을, 원해."라는 카피를 썼던 때는 1988년이었습니다. 거품 경제가 한창 성장하던 시절, 수많은 사람들이 당연하다는 듯이 결혼하고 아이를 낳고 '원하는 것을 구입'하는 것에서 가치를 찾고 있었죠. 이토이 씨의 카피는 당시 사람들의 마음을 훌륭히 담아냈습니다.

그랬던 시절과 지금을 비교하면 어떨까요. 후생노동성이 발표하는 '국민생활기초조사'의 결과를 보겠습니다.

---

[*] 예를 들면 모든 형태의 빈곤 퇴치, 양질의 일자리와 경제 성장, 불평등 완화, 지속 가능한 도시 등이 SDGs의 주요 목표다.
[**] 일본의 카피라이터, 작가, 작사가, 게임 제작자, 기업가. 일본을 대표하는 카피라이터로 1970년대 중반부터 수많은 명카피를 썼다.

1988년

- 전 가구 중 1인 가구의 비중은 19.5퍼센트, 부부와 미혼 자녀가 함께 사는 가구는 40퍼센트.
- 소득이 350~900만 엔인, 이른바 중산층의 비율은 50.9퍼센트.

2019년

- 전 가구 중 1인 가구의 비중은 28.8퍼센트, 부부와 미혼 자녀가 함께 사는 가구는 28.4퍼센트.
- 소득이 350~900만 엔인, 이른바 중산층의 비율은 44퍼센트.

'자녀를 기르는 가족'이 다수파였던 시대는 한참 전에 지나가버렸습니다. '극히 평범한 가정'이라고 해서 반드시 다수파는 아니며, 가족의 형태는 더욱 다양해졌지요. 중산층을 대상으로 하는 사업은 한계에 달했다고 이미 '잃어버린 30년'이 가르쳐주었습니다.

이것이야말로 과거가 전해주는 가장 중요한 가르침입니다. (시간을 너무 많이 잃어버렸습니다만.) 그럼에도 아직까지 '너무 커서 보이지 않는 상대' 혹은 '더 이상 존재하지 않는 상대'를 대상으로 과제를 발견하려 하는 것 같습니다.

마케팅은 '조사'가 아니라
시장 자체를 '만드는 것'

적절한 과제를 찾지 못할 때야말로 마이너리티 디자인이 필요합니다.

본래 마케터의 일이란 데이터 분석이나 조사가 아닙니다. '지금까지 없던 시장을 만드는 것'이지요.

아직도 드러나지 않은 소수자가 많이 있을 것입니다. 노래방을 꺼리는 '노래 약자', 해산물을 못 먹는 '해산물 약자', 왠지 SUV가 불편한 'SUV 약자'(실존하는지는 미확인) 등. 그들의 목소리에 귀를 기울이면 차례차례 과제가 튀어나옵니다. 통상적인 마케팅 조사로는 좀처럼 들을 수 없는 이야기들이죠.

아무리 큰 기업의 1등 상품이나 서비스라도 그 이면에는 반드시 소수자가 있습니다. 고층 빌딩에서 지면으로 내려와 그들, 혹은 자기 자신의 '약함'과 꾸밈없이 대화하다 보면 보석 같은 힌트가 계속해서 나타납니다.

이렇게 말하는 사람도 있겠죠. "하지만 소수자는 말 그대로 수가 적으니까 시장 규모도 별 볼 일 없지 않을까?"

답부터 말하면, 그렇지 않습니다.

유루스포츠는 운동을 못하는 저 자신, 바로 '한 사람'으로부터 태어난 것입니다. 그럼에도 지금처럼 자리 잡은 것은 유루스포츠를 즐길 가능성이 있는 '운동 약자'가 수천만 명이나 있었기 때문입니다.

유행 같은 게 아닙니다

어느 날, 함께 유루스포츠를 만든 후배가 이런 이야기를 했습니다.

"유루스포츠에는 의무감이 없어요. 무언가 압력을 받아서 아이디어를 짜내는 게 아니라, 제가 하고 싶은 걸 올바르게 쫓고 있다는 느낌이 들었어요."

"솔직히 업무에서는 일단 아이디어 좀 내봐 하는 요구를 받을 때가 있는데, 그러면 별로 의욕이 안 난다고 할까요. '아이디어를 열 개 생각해 와.'라고 들으면 세 개 정도는 엄청 의욕적으로 쓰는데, 그 뒤로 점점 의욕이 사라져서 좀 대충 쓰는 것도 몇 개는 있어요. 그랬는데 대충 낸 아이디어가 통과되면 외려 엄청 힘들어요. '아차.' 싶거든요. 거짓말을 하고 켕기는 기분 같아요."

공감할 수밖에 없는 갈등입니다. 지금까지보다 간단한 경로로 나만이 낼 수 있는 아이디어가 직접 회사에 전해지는 생생한 느낌을 우리는 계속 원해왔습니다.

저는 서른네 살에 유루스포츠를 만들었습니다.

위에서 끝없이 내려오는 일을 해치우던 20대에는 보이지 않는 '누군가'에게 카피를 썼습니다. 그랬는데 스포츠 현장에 가보니 그 '누군가'가 바로 눈앞에 있더군요.

2015년 여름. 핸드소프볼 체험 행사를 작은 풋살 경기장에서 했을 때, 40명 정도가 와주었습니다. 그 전에 만들었던 텔레비전 광고가 많으면 8000만 명에게 도달했으니 규모만 따지면 수백만 분의 1이었지요. 하지만 바로 눈앞에서 40명이 행복한 듯이 함박웃음을 짓고 있었습니다. 아직 어린 아기를 업고 있는 여성도, 굳이 멀리서 열차를 타고 와준 남성도 있었죠. 저는 가슴이 찡해서 울 것 같았습니다. '이 일을 하길 다행이다.'

그와 동시에 '왜 지금까지 이런 기쁨을 맛보지 못했을까?'라는 생각도 했던 게 기억납니다.

최근 30대 광고인 중에 가장 빛난다고 해도 과언이 아닌 후배 카피라이터 아베 고타로 씨가 '#기획밥'이라는 강의에 저를 초청한 적이 있습니다. 그가 청중에게 저를 초청한 이유를 이렇게 설명하더군요.

"저는 사와다 씨에게서 '세계는 한 번에 바뀌지 않아. 그러니 한 번씩 바꾸면 돼.'라는 자세를 배웠습니다."

좀 부끄러웠지만 당시 아직 신진이었던 그에게, 즉 새로운 세대에게도 제 생각이 가닿아서 진심으로 기뻤습니다.

중절모 위에 올린 럭비공을 떨어뜨리지 않고 득점해야 하는 '모자 럭비'(위).

목소리에 맞춰 씨름판이 진동하는 종이인형 스모 '통통 목소리 스모'(아래).

유루스포츠를 만들기 시작한 지 5년이 지난 요즘도 광고업계의 사람에게서 자주 듣는 말이 있습니다.

"그거 유행하는 거야?"

처음에는 이렇게 물어봅니다. 그러면 '아뇨, 유행 같은 게 아닙니다.'라고 생각하면서 "뭐, 그럭저럭요."라고 답합니다.

그다음에는 이런 질문을 합니다. "규모는 어느 정도야?"

"지금 10만 명 정도예요."라고 답하면 "뭐? 겨우 10만?"이라며 놀랍니다.

'겨우 10만'이 아닙니다.

과거 제가 낸 아이디어는 'Speed빠르고' 'Scale크고' 'Short짧은' 아이디어였습니다.

즉, 재빠르게 아이디어를 내서 되도록 많은 사람들에게 알리고 짧은 기간에 그 역할을 마쳤습니다.

그렇지만 지금은 다릅니다. 이제 'Slow느리고' 'Small작고' 'Sustainable오래 지속되는' 아이디어를 추구합니다.

천천히 작은 것을 만들어서 차근차근 키워갑니다. 그렇게 하면 아이디어는 지속 가능한 것이 되어 오래 살아남습니다.[*]
자, 어느 쪽의 '3S'가 더 좋을까요?

---

[*] 세계유루스포츠협회는 꾸준히 성장하여 2022년 4월 기준, 110경기 이상을 만들어냈고 관여한 사람은 1000명을 넘어섰다. 유루스포츠를 체험한 사람은 25만 명이 넘으며, 에스토니아 등 5개국에도 진출했고, 일본의 여러 중학교 교과서에도 수록되었다.

이제 저는 압도적으로 후자를 지향합니다. 왜냐하면, 후자의 기준 속에서야말로 제 창조성을 최대한 발휘할 수 있기 때문입니다.

저는 누구에게나 그 사람만 지닌 경험과 기술이 있다고 생각합니다. 일을 하면서 '운명의 사람'을 찾아내면, 자신만의 재능이 만개해서 누구나 더욱 보람 있는 일을 할 수 있을 것입니다.

그렇다면 어떻게 그 운명의 사람을 찾아야 할까요?

다음 장에서는 구체적인 방법으로 '자기 자신에게 쓰는 기획서'라는 것을 설명하겠습니다.

그렇습니다. 실은 자기 자신 속에 있는 소수자가 '운명의 사람'일지도 모릅니다.

4장

자신을
의뢰인으로 삼는
방법

자기 자신에게
기획안을 써보자

Weak
is the
new strong

소중한 사람이 떠오르지 않으면
어떡해야 할까

"저의 일에서 '운명의 사람'은 제 아들입니다."

이렇게 말하면 자주 듣는 질문이 있습니다.

"저는 소중한 사람이 떠오르지 않는데, 어떡해야 하죠?"

저 역시 20대에 '소중한 사람을 위해서' 같은 말을 들었다면, 아마 잘 와닿지 않았을 겁니다. 그렇다면 우선 자기 자신을 '운명의 사람'이라고 가정해보는 건 어떨까요?

자기 자신이란 '가장 가까운 타인'이라고 정의할 수도 있습니다. 거울로는 확인할 수 있지만 한 번도 직접 본 적은 없는 사람. 그럼에도 항상 움직임과 생각을 알고 있는 사람. 생각해보면 자신이란 불가사의하고 귀중한 존재입니다.

자기 자신과 마주한다니, 구직 활동을 하면서 자기소개서를 쓸 때나 해봤을까요. 그나마도 자기소개서를 쓸 때는 자신의 '강점'에만 주목하여 기업에 어필할 수 있는 점을 골라냈을 것입니다.

그러지 말고, 강점뿐 아니라 '약점'까지 포함해 온전한 자신과 마주해봅시다.

콤플렉스를 똑바로 바라보고, 자신을 소수자로서 재발견하는 것입니다. 그러면 내면에서 '의뢰인'이 태어납니다. 제가 '운동치'라는 약점과 마주하여 '운동 약자를 이 세상에서 없애겠다.'라는 목표를 찾아냈을 때처럼 말이죠.

'이 사람을 위해 무언가 해주고 싶다.'라는 그럴싸한 마음이 없어도 괜찮습니다. '그때 그렇게 할걸.'이라는 후회를 스위치로 삼아도 좋고, '더 편하게 살고 싶다.'라는 동기도 충분히 좋습니다.

반복되는 루틴 속에 있으면 그 세계가 절대적인 것이 되게 마련입니다. 그러니 일단 루틴이 만든 세계에서 벗어나야 합니다. 혹은 자신과 하는 대화 시간을 늘려야 합니다. 강제적으로, 인공적으로 말이죠. 그렇게까지 하지 않으면 사람은 누구나 회유어처럼 정해진 경로를 끝없이 헤엄치게 됩니다.

루틴에서 벗어날 수 있는 유효한 방법이 한 가지 있습니다. 바로 자기 자신에게 기획서를 쓰는 것입니다.

'밖으로 멀리'가 아니라
'안으로 가까이'

업계 밖으로 한 걸음 나가보고 분명히 깨달은 사실이 있습니다.

광고란 '긍정'이자 '발견'이자 '발신'이라는 것입니다.

광고 창작자의 일은 광고주와 상품·서비스를 '긍정'적으로 바라보는 것부터 시작합니다. 여러 각도와 거리에서 관찰하여 매력을 '발견'하고 '발신'하죠. '널리廣 알리는告 것'은 광고 작업의 일부에 지나지 않습니다.

그런데 과연 '긍정'과 '발견'과 '발신'을 자신을 위해 해본 적이 있던가요? 소중한 사람을 위해 한 적은요? 아까우니까 한 번 해보면 어떨까요?

일반적인 광고 작업은 화살표를 되도록 밖으로 멀리 보내는 것과 비슷합니다. 그 화살표를 빙글 돌려서 되도록 내면으로 가까이 자신을 향하게 해봅시다. 저는 그렇게 해서 일하는 방식이, 아니, 삶의 방식이 완전히 바뀌었습니다.

나 자신을 위한
기획서를 써보자

제가 처음부터 이 방법을 썼던 건 아닙니다. 5년이나 걸려서 간신히 지금 방법에 도달했지요. 지금도 길을 잃을 때마다 나 자신에게 쓴 기획서를 보는데, 실제로 인생에 영향을 미치고 있습니다.

사실 자연스럽게 살아가는 동안에는 자기 자신을 차분히 들여다볼 기회가 없습니다. 큰 사건·사고라도 당하지 않는 이상 말이지요. 그 때문에 굳이 시간을 내고 손을 움직여서 기획서를 쓰는 '부자연스러운' 일을 할 필요가 있습니다.

그럼 시작해볼까요.

일단 기획서 표지의 왼쪽 상단에 '○○○(자신의 이름) 귀하'라고 적어봅시다.

이게 대체 무슨 짓인가 싶지요? 좀 창피하고 낯간지러운 기분. 하지만 일하는 새로운 방식은 자기 자신을 위한 기획서를 작성할 시간을 확보하는 것부터 시작됩니다.

제목은 지금 당신이 '어떻게 일하고 싶은지' 혹은 '어떻게 살고 싶은지'와 관련된 것을 붙여주세요. 저는 직접적으로 "사와다 도모히로가 더욱 창조적으로 일하기 위한 제안"이라는 제목을 지었습니다.

사와다 도모히로 귀하

사와다 도모히로가
더욱 창조적으로
일하기 위한 제안

기획서 작성자: 사와다 도모히로

　기획서에 '서론'을 쓰는 편인가요? 저는 책의 「시작하며」와 비슷한 느낌으로 쓰고 있습니다. 어떤 생각으로 무엇을 목표해 이 기획을 구성하고 기획서를 썼는지 한 장으로요. 그래서 저에게 보내는 기획서에도 '서론'을 써봤습니다.

　다시 한 번 멈춰 서서 생각해보려 한다. 무엇을 위해 일하는가? 나는 누구인가? 그렇게 나는 나 자신과 대화해보려고 한다.
　시간은 한정되어 있고, 인생은 눈 깜짝할 사이에 끝난다. 바쁘다는 핑계를 대지 말고, 제대로 나를 위한 시간을 만들자. 이 기획서는 내가 앞으로 일을 할 때 나침반이 되어줄 테니까.

자신의 감정을 알자
― '내 인생 최고의 희로애락'은?

일단 과거부터 지금까지 자신을 돌아보고, 그로부터 미래의 일하는 법을 만들어봅니다.

자신에 대해 아는 첫걸음은 '자신의 감정을 아는 것'입니다. 내가 '무엇을 할 수 있고, 할 수 없는지' 혹은 '무엇을 하고 싶고, 하기 싫은지' 같은 이야기에 앞서 내가 지금까지 살아오면서 '무엇에 어떤 감정을 느꼈는지' 돌이켜보는 것입니다.

그럼 어떻게 자신의 감정을 돌이켜보느냐. 제가 추천하는 방법은 '내 인생 최고의 희로애락'을 정리하는 것입니다.

내 인생에서 가장 기뻤던 일, 분노했던 일, 슬펐던 일, 즐거웠던 일을 표로 정리해봅시다. 저는 사회인이 되기 직전에 처음 정리해보고, 그 뒤로 인생에 변화가 일어날 때마다 표를 고치고 있습니다.

예컨대 서른 살까지 '제 인생 최고의 희로애락'은 다음과 같았습니다.

- **기쁨**: 8000만 명이 본 광고를 만든 것.
- **분노**: 프랑스에서 전학 갈 학교를 잘못 선택한 것.

- **슬픔**: 그 결과 학교에서 외톨이가 되어 1년 동안 두 마디만 말한 것.
- **즐거움**: 팀이 다 함께 광고를 제작하는 데 매진한 것.

그렇지만 아이가 태어나고 일의 내용이 변하면서 '내 인생 최고의 희로애락'이 한꺼번에 달라졌습니다.

- **기쁨**: 아이가 두 차례 수술을 무사히 마치고 가족이 다 함께 장을 본 것.
- **분노**: 아들의 눈을 보이지 않게 한 신을 원망한 것.
- **슬픔**: 아이의 장애를 깨달은 것.
- **즐거움**: 유루스포츠를 집대성한 이벤트 '유루스포츠 랜드'를 성공리에 개최한 것.

흥미롭게도 '분노'와 '슬픔' 같은 부정적인 감정이 변화하면, '기쁨'과 '즐거움' 같은 긍정적인 감정도 함께 변화했습니다.

인생에서 가장 즐거웠던 때는 연례행사가 된 '유루스포츠 랜드'를 2016년 5월 처음 개최한 날입니다.

약 스무 종목의 유루스포츠로 놀 수 있는 유원지 같은 공간. 그곳에서 참가자들이 웃으면서 스포츠로 노는 광경을 보며 저도 진심으로 즐거웠습니다. '유루스포츠 랜드'는 아이에게 장애가 있음을 알았던 순간의 절망이 없었다면 태어나지 않았을 겁니다.

그리고 '기쁨'. 그날의 일은 정말 대수롭지 않았습니다.

입원과 수술을 두 차례씩 한 아이가 마침내 퇴원하고 맞이한 어느 토요일. "이제 한동안 입원은 안 해도 되겠다."라고 아내와 이야기하면서 아이를 안고 슈퍼마켓에서 배추와 오이와 미트볼 등을 샀습니다.

저는 더할 나위 없이 행복했습니다. 그토록 마음이 평온한 것은 오랜만이었지요. 그날의 기쁨과 비교하면 제가 만든 광고를 많은 사람들이 봐준 것은 중요하지 않았습니다. '대체 뭐가 그렇게 기뻤을까?' 제 가치관은 예전과 완전히 달라져 있었습니다.

'내 인생 최고의 희로애락' 중 한두 가지가 누군가와 겹칠 수는 있지만, 희로애락 전부가 같을 수는 없습니다. 네 가지 요소를 조합하면 당신만의 인생이 모습을 드러낼 것입니다.

'나다운 게 뭔지 모르겠어.' '나는 그냥 평범한 인간이야.' 이렇게 생각하는 사람일수록 자신의 감정을 전부 돌이켜보고 표로 만들기를 권합니다.

전문성을 갈고닦아 지식과 기술을 익히는 것도 일을 하는 데 중요한 요소이지만, 그보다 지금까지 당신이 어떤 시간을 보내고 어떤 감정을 느꼈는지 아는 것이 더욱 중요합니다. 바로 거기에 나다운 것이 깃들게 마련입니다.

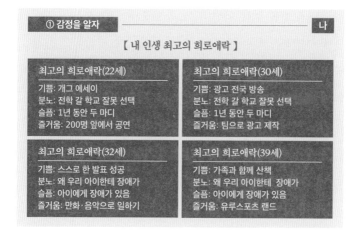

【 내 인생 최고의 희로애락 】

최고의 희로애락(22세)	최고의 희로애락(30세)
기쁨: 개그 에세이	기쁨: 광고 전국 방송
분노: 전학 갈 학교 잘못 선택	분노: 전학 갈 학교 잘못 선택
슬픔: 1년 동안 두 마디	슬픔: 1년 동안 두 마디
즐거움: 200명 앞에서 공연	즐거움: 팀으로 광고 제작
최고의 희로애락(32세)	최고의 희로애락(39세)
기쁨: 스스로 한 발표 성공	기쁨: 가족과 함께 산책
분노: 왜 우리 아이한테 장애가	분노: 왜 우리 아이한테 장애가
슬픔: 아이에게 장애가 있음	슬픔: 아이에게 장애가 있음
즐거움: 만화·음악으로 일하기	즐거움: 유루스포츠 랜드

분노는 최강의 원동력

즐거웠던 일, 기뻤던 일에 주목해서 '이 경험을 더욱 많은 사람에게 전하고 싶어.'라고 생각할 수 있습니다. 아니면 슬펐던 일, 화났던 일에 주목해서 '이런 경험을 한 사람이라도 덜 했으면 좋겠어.'라고 결의할 수도 있겠죠.

어느 쪽이든 생각이 향하는 그 방향이, 앞으로 나아가야 하는 길입니다.

특히 '분노'라는 감정은 희로애락 중에서도 가장 강력합니다.

분노를 담은 말이 수천, 수만의 '좋아요'를 받고 공유되는 광경을 종종 봅니다. 강한 분노는 같은 문제를 공유하는 사람의 공감과 찬동을 얻게 마련이죠. 그 때문에 강한 분노를 자신의 일에 투영하는 사람은 터무니없이 강합니다. 자신이 겪은 분노를 다른 사람이, 자신의 소중한 사람이 절대로 맛보지 않길 바라기 때문입니다.

저도 선배의 말을 듣고 깜짝 놀란 적이 있습니다.

"유루스포츠는 얼핏 재미있고 즐거워 보이는데, 그 바탕에는 네 강한 분노가 있는 거지?"

'왜 내 아이에게 장애가 있는 거야.' '왜 내가 스포츠에서 배제되어야 하는 거야.' 유루스포츠는 이런 분노로부터 태어났습니다.

여기서 중요한 점은 자신의 감정을 모두 '좋은 미래'를 위해 써야 한다는 것입니다. 저 역시 분노를 원동력으로 삼고 있지만, 그렇다고 해서 분노에 휘둘리며 활동하지는 않습니다.

앞으로도 장애가 있는 아이들은 태어날 것입니다. 그런 아이들의 부모가 제가 하는 활동을 보고 '장애가 있어도 괜찮을 거야.' '즐거운 일이 있을 거야.'라고 생각하지 않을까요. 그런 미래를 만들고 싶기 때문에 저는 마음먹은 길을 나아갑니다.

자신의 역할을 알자
— '공헌 포트폴리오' 만들기

자신의 감정을 이해했다면, 그다음에 살펴볼 것은 자신의 역할입니다.

살아가는 것은, 특히 일하는 것은 바로 누군가에게 공헌한 다는 것입니다. 별생각 없이 되는대로 떠밀리듯이 일하면, '결국 누구를 위해 일하는 거더라?'라고 자신의 현재 위치를 잊어버리게 되죠. 그렇기 때문에 우선 현재 내가 누구에게 공헌하고 얼마나 시간과 노력을 들이고 있는지, 그 비율을 그려보는게 중요합니다.

지금 설명한 것을 '공헌 포트폴리오'라고 부릅니다. 예를 들어 저는 다음과 같습니다.

· 회사에 갓 입사한 무렵

　회사 = 100%

신입 시절에는 많은 회사원들이 그러듯이 한밤중에도 주말에도 쉬지 않고 일했습니다. 즉, '회사에 대한 공헌'밖에 없었지요. 사적인 시간을 즐길 만한 여유는 거의 없었습니다.

- 입사 3년 차

    회사 : 나 = 50% : 50%

여유가 조금씩 생기면서 독서에 열중하거나 친구를 모으거나 하며 저를 위한 시간을 늘려갔습니다. 즉, '자기 공헌'의 비율이 높아지며 회사 공헌과 같아졌습니다.

- 아이의 장애를 처음 알았을 무렵

    회사 : 가족 : 나 = 20% : 70% : 10%

아이가 태어난 뒤 단번에 회사의 비율을 20퍼센트까지 낮추고 가족의 비율을 70퍼센트까지 높였습니다. 그만큼 가정에 힘을 쏟지 않으면 생활이 성립되지 않았으니까요.

그 후 여러 프로젝트에 관여하면서 장애가 있는 친구들에게 공헌하는 비율이 높아졌습니다. 이제는 회사와 가족과 친구와 나 자신에게 공헌하는 비율이 적절히 균형을 이루고 있지요. 저 같은 경우는 다양한 타인에게 공헌하면서 공헌도의 균형이 잡혀 있을수록 건전하게 일하고 있다는 느낌을 받습니다.

- 현재

    회사 : 나 : 가족 : 친구 = 25% : 15% : 30% : 30%

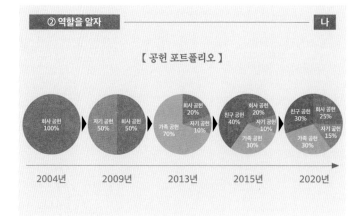

【 공헌 포트폴리오 】

| 2004년 | 2009년 | 2013년 | 2015년 | 2020년 |

회사 공헌 100%

자기 공헌 50% / 회사 공헌 50%

가족 공헌 70% / 회사 공헌 20% / 자기 공헌 10%

친구 공헌 40% / 회사 공헌 20% / 자기 공헌 10% / 가족 공헌 30%

친구 공헌 30% / 회사 공헌 25% / 자기 공헌 15% / 가족 공헌 30%

재주가 뛰어날수록
'자기 공헌'을 추가하자

우수한 사람일수록 옆에서 바라보면 이런 생각이 듭니다. '한정된 시간을 타인에게 너무 많이 쓰고 있어.' '저만큼 했으면 더 이상 타인의 기대에 부응할 필요는 없지 않을까?' 계속 저렇게 하다가는 자기 자신을 한없이 뒤로 미루게 되기 때문입니다.

능동적으로 움직이며 뭐든 해내는 사람일수록 끝없이 일을 맡게 마련입니다. "이것 좀 처리해줘." "지금 이 일 맡을 수 있어?" 물론 난제를 완벽히 풀어서 해답을 주는 건 멋있습니다.

주어진 일에 전력을 다해 임해야 프로라고 할 수 있겠죠.

그렇지만 주어지는 일을 하느라 자기 자신을 고려하지 않고, 뚜렷하지 않은 '누군가'를 위해 애쓰는 것만이 인생은 아닙니다.

자신의 재능을 좀더 구체적으로 자기 자신을 위해 써도 괜찮습니다.

자신의 특기를 알자
― 가령 내가 슈퍼맨이라면

자, 자신의 '감정'과 '역할'을 알았다면 드디어 자신의 특기에 주목할 차례입니다. 그런데 이렇게 말하면 손사래를 치는 사람이 꼭 있습니다. "아뇨, 저는 특기 같은 거 없어요."

그래도 괜찮습니다. 한번 자신을 슈퍼맨이라고 가정해봅시다. (배트맨이든 원더우먼이든 아쿠아맨이든, 좋아하는 히어로라면 누구든 괜찮아요.) 자신을 평범하지 않은 초인이라고 생각해보는 겁니다.

가령 내가 '사와다맨'이라면 사와다맨의 특기는 무엇일까? 이렇게 평소의 평범한 자신이 아니라 '누군가를 구할 때 발휘

될 나의 히어로 특성'을 생각해보는 것입니다.

그런 특기를 최소한 '여덟 가지'는 찾아주세요. 이 숫자가 중요합니다. 누구든 여덟 가지를 단번에 떠올릴 수는 없습니다. 억지로 짜내야 하는 순간이 찾아오지요. 그러면 '이건 별로 대단한 게 아닌데….'라고 생각하는 자신의 특성을 목록에 올려야 합니다.

진짜 승부는 그때부터입니다.

본업에서는 '기초 능력'이어도
다른 곳에서는 '감사를 받는 능력'

통신회사에 10년 넘게 다닌 친구가 이런 이야기를 한 적이 있습니다. "계속 통신업계에만 있었는데 그 시간 동안 나한테 뭔가 쌓인 게 있을까 알 수 없었어. 그런데 다른 업계 사람이 5G에 대해 물어봐서 나한테는 별거 아닌 사실을 알려줬는데 엄청 고마워하더라."

그렇습니다. 이게 핵심입니다.

'나는 대수롭지 않게 여기는 능력'인데 다른 분야로 옮기면 '감사를 받는 능력'이 되는 것입니다.

자신의 특기를 여덟 가지나 적으려면 '통신에 대해 잘 안다

【 사와다맨의 특기 】

NO.1	NO.2	NO.3	NO.4
아들이 시각장애! (당사자에 대해 잘 안다.)	끈질기게 결과물을 낸다!	타인과 차이를 겁내지 않는다!	카피를 쓸 수 있다!

NO.5	NO.6	NO.7	NO.8
기획을 좋아한다!	작사·작곡 가능!	인의를 소중히 여긴다!	은혜를 잊지 않는다!

니 별로 대단하지는 않지만….'이라고 생각하면서도 일단 목록에 넣을 수밖에 없습니다. 그 뒤에 다른 일곱 가지 특기와 함께 객관적으로 종합적으로 바라봤을 때, 어떻게 보일까요.

제가 특기라고 쓴 '카피를 쓸 수 있다.' '기획을 좋아한다.'는 광고 창작자에게 기본 중 기본입니다. 보통 중 보통이죠.

그렇지만 그런 능력이 광고업계 바깥에서는 감사를 받는다는 걸 사회복지의 세계에서 체감했습니다. 그리고 슬라이드 같은 것으로 정리하니 왠지 내 능력이 평소보다 훨씬 빛나 보였고요.

즉, 세 번째 분석은 자신의 능력을 '그 어느 때보다 축복하기 위한 단계'라고 할 수도 있습니다.

자신이 기피하는 걸 알자
─ 다시 태어났을 때 없으면 하는 것

자신을 알기 위한 마지막 슬라이드는 '기피 대상'입니다.

이번 단계에서는 평소에 자신이 꺼려서 덮어두는 것, 싫어하는 관례·관습, 납득할 수 없는 상식 등을 직시해봅니다. 다음에 인간으로 다시 태어났을 때 세상에 절대로 없으면 하는 것을 세 가지 골라볼까요. 100개 정도 목록을 만들어도 좋지만 지금은 세 가지로 좁힙시다.

그다음은 자신의 기피 대상 세 가지에 금·은·동 메달을 줍니다. 순위를 매기기 위해 각각을 비교하다 보면 자연스레 내가 왜 그것을 꺼리는지 언어로 표현할 수 있습니다.

저의 경우 어린 시절부터 유독 기피하는 것이 있으니 바로 '스포츠'입니다. 어른이 된 뒤에는 운동부 출신에 일 잘하는 사람이 부당한 요구를 한 적도 있고, 스포츠업계의 높은 분과 만났을 때 잘난 척을 심하게 당한 적도 있었습니다. (잘났으니 어쩔 수 없지만요.) 아무튼 스포츠에는 좋은 인상이 없으니 압도적인 금메달입니다.

은메달부터는 정하는 데 꽤 고민했습니다. '스탠딩 파티'도 싫어하고, 솔직히 '모기'도 싫습니다. 싫은 '것'은 정말 많은데,

그보다는 '기득권'과 '편견'이 더욱 싫었죠.

파티는 안 가면 그만이고(자기 회피 가능), 모기는 모기약을 뿌리면 됩니다(기술 혁신으로 해결). 전부 인생에서 멀리할 수단이 있는 것이죠.

그렇지만 기득권과 편견은 아무리 피하려 해도 이 사회에 뿌리내리고 있고, 명백하게 개선할 여지가 있는 '기피 대상'입니다.

높은 자리에 앉아서 타인의 마음을 이해하려 하지 않는 사람. 사회복지와 관련된 일을 하면서 몇 번이나 그런 사람들에게 앞길을 가로막혔습니다. 그래서 '기득권을 없애고 싶다.'라고 생각하는 동시에 그 이상으로 '어떡해야 내가 기득권이 되지 않을까.' 하는 고민을 하고 있습니다.

'편견'도 마찬가지입니다. 가짜뉴스, 전체 중 일부를 잘라낸 콘텐츠, 한쪽으로 치우친 보도… 정보에 접근하기 쉬운 시대가 되었지만 외려 편견은 늘어났는지도 모릅니다. (오해도 포함한) 편견은 싸움, 반목, 전쟁의 원인이죠.

그런 편견은 제 속에도 알게 모르게 확실히 자리 잡고 있습니다. 저 자신의 그런 면도 싫습니다. 그래서 저는 다른 기피 대상과 비교하여 '기득권'과 '편견'에 은메달과 동메달을 주기로 했습니다.

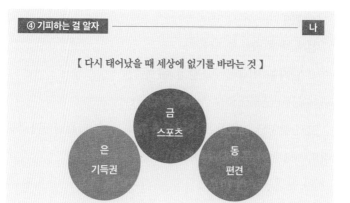

이로써 자기 분석을 완료했습니다.

'나는 그냥 평범해.' '나는 아무것도 아냐.' 이렇게 생각할 수 있지만, 역시 사람의 인생에는 압도적인 정보량과 한 사람만의 고유성이 가득합니다.

자기 자신을 위한 기획서를 작성하는 것은 나라는 냉장고의 문을 열고 무슨 재료가 있는지 꼼꼼히 살펴보는 것과 마찬가지입니다.

이제 재료를 요리해서 '일하는 새로운 방식'을 만들 차례입니다.

인생의 콘셉트를 만들자
― 일하는 이유를 '출발점'에 두기

앞서 찾아낸 재료들을 조리하는 법은 무수히 많습니다. (요리의 가능성이 무한하듯이요.)

'내 인생 최고의 희로애락'부터 시작해서 과거의 내 어떤 감정을 기반으로 삼아도 괜찮습니다. '공헌 포트폴리오'를 보면서 '어, 가족 공헌이 적네.'라든지 '갈수록 회사 공헌 비율이 너무 커지는데.'라며 다시금 누구를 위해 일할지 정의해도 좋겠죠. 또는 타도하고 싶은 '기피 대상'을 정하고 자신의 어떤 '특기'를 써먹을지 상상해볼 수도 있겠고요. 자기 자신이라는 의뢰인의 크리에이티브 디렉터가 되어 제안해보는 것입니다.

어떤 학생은 자신의 결벽증이 '기피 대상'이라는 걸 깨달았다고 했습니다.

밖에서 가져온 물건을 침대 위에 놓지 않고, 손을 몇 번씩 씻는다더군요. '다음 생에는 결벽증이 아니면 좋겠다.'라는 생각도 했답니다. 하지만 마이너리티 디자인을 알고는 이렇게 이야기했습니다.

"저도 언젠가 저와 비슷한 생각을 하는 사람에게 도움을 줄 수 있는 물건이나 일을 만들고 싶어요."

【 라이프 콘셉트 】

MINORITY DESIGN

소수자를 출발점 삼아 세계를 좋게 바꾼다

생각할 것 　　　　　　　　　　　　　　　　　나

과거와 현재의 나를 알고, 미래의 일하는 방식을 만든다.

① 감정을 알자
② 역할을 알자
③ 특기를 알자
④ 기피 대상을 알자

⑤ 콘셉트를 세우자
⑥ 방향을 정하자
⑦ 분위기를 만들자

　　저의 경우에는 역시 인생에서 가장 슬펐던 '아이의 장애를 알았을 때의 감정'을 출발점으로 삼았습니다.

　　당시 저에게 스며들어 있던 '장애가 있으면 가여워.'라는 편견이 낙담했던 마음의 이면에서 큰 영향을 미쳤다는 사실을 지금은 알고 있습니다.

그런 편견을 없애기 위해 내 특기인 카피와 기획력을 활용해서 아이를 포함한 장애 당사자 친구들에게 공헌하자. 저는 그렇게 결심했습니다.

그때 만들어진 것이 '마이너리티 디자인'이라는 콘셉트. 이 역시 저 자신에게 기획서를 쓰는 도중에 나왔습니다. 그야말로 저의 내면에서 태어난 콘셉트인 것이죠. 이 콘셉트는 그동안 타인 혹은 타사를 위해서만 일해왔던 제가 난생처음 자신에게 선물한 것입니다.

모두가 일에서 기른 능력을 지금보다 더욱 자신의 인생에 연결할 수 있다면. 소중한 사람을 위해 자신의 재능을 쓴다면. 자신의 약한 부분이나 기피하는 것을 위해 더욱 시간을 쓸 수 있다면. 일하는 방식에 커다란 변혁이 일어날 것입니다.

실천 ②

자신의 방향을 정하자
― 인생에 '출입 금지 구역' 설정하기

출발선을 그린 다음 크리에이티브 디렉터가 해야 하는 일은 팀(자신)이 나아갈 방향을 정해서 '자, 이쪽으로 가자.' 하고 이

MINORITY DESIGN

소수자를 출발점 삼아 세계를 좋게 바꾼다

해야 할 것	하면 안 되는 것
① 광고 능력을 광고 밖에서 살리기	① 납품 사고에 빠지는 것
② 대중이 아니라 한 사람을 위해	② 맛있는 맥주에 현혹되는 것
③ 패스트 아이디어에서 지속 가능한 아이디어로	③ 대안에 기대는 것

끄는 것입니다. 앞서 제가 세 가지 방향을 정했다고 했지요.

① 광고업계에서 기른 능력을 광고업계 밖에서 활용하기.

② 대중이 아니라 한 사람을 위하기.

③ 패스트 아이디어가 아니라 지속 가능한 아이디어로.

이것이 방향, 다시 말해 '무엇을 할까.'에 대한 답입니다. 그리고 그만큼 중요한 것이 더 있는데, 바로 '무엇을 하지 않을까.'에 대한 답이지요.

'이쪽 길로는 절대로 가지 마.' 하는 경고. 자신의 인생에 출입 금지 구역을 설정해두지 않으면, 아무리 출발을 잘해도 길을 잃거나 다시 출발선으로 돌아갈 수 있습니다.

'무엇을 하지 않을까.'에 대한 답을 찾으려면 '과거에 저질렀던 행동' 중 인생의 콘셉트에 장벽이 될 듯한 것을 돌이켜보면 됩니다.

저는 다음 세 가지가 눈에 띄더군요.

① 납품 사고에 빠지는 것.
② 맛있는 맥주에 현혹되는 것.
③ 대안에 기대는 것.

'납품하는 것만으로도 중노동'이라는 문제

창작하는 일. 하지만 실제로는 '고생하는 일'이라고 하는 게 어울릴지도 모르겠습니다.

금요일 오후 5시 반에 메일이 도착합니다. "월요일 아침 일찍 주셔도 괜찮으니 수정 부탁드립니다." 하는 내용이죠. 자존심이 있으니 주말을 불태워서 혼신의 C안을 제안하면, "A안의 카피를 메인으로 삼고, B안의 디자인을 좀더 C안에 가깝게 하는 느낌으로…."라는 지시가 돌아옵니다. 아이디어의 복합골절이 시작되는 것이죠.

수면 시간을 줄이며 바싹 말라비틀어진 뇌에서 아이디어를 쥐어짭니다. 그런 상황에서 이 사회에 정말 필요한 것을 만들어낼 수 있을까요? (극한 상황까지 몰려야 능력을 발휘하는 사람도 있겠지만, 저는 그럴 때 그냥 자고 싶습니다.)

수개월 동안 간신히 완성하여 납품한 광고는 텔레비전, 신문, 인터넷, 대중교통, 옥외 디스플레이 등 여러 매체를 통해 대중에게 가닿습니다. 그러면 곧장 다른 광고 제작에 착수합니다. 납품하고 다음 광고, 납품하고 다음 광고… 이 과정이 반복되죠. 이게 생각보다 정말 힘듭니다.

애초에 아이디어를 내는 건 중노동입니다.

회의 시간까지 회심의 아이디어가 나오면 기적. 대부분은 나오지 않습니다. 결국 마감 전날 밤 한밤중의 로열호스트에서 커피와 레드불을 교대로 마시면서 머리카락을 쥐어뜯고 고통스러운 신음을 내며 기획합니다. 어떤 업계에서든 분명히 비슷한 광경이 펼쳐지겠지요.

뭐가 됐든 일단 사고가 나지 않도록 납품합니다. '납품'만으로도 극심한 중노동이라 다른 걸 신경 쓸 겨를은 없습니다.

'세상에 새로운 가치를 전달한다.' 이런 광고의 목적을 잊어버리게 하는 상황이 현장에 있었습니다. 아니, 혹시 광고업계 외에 여러분이 일하는 수많은 현장에도 '잊어버린 목적지'가 있지 않을까요.

바로 그래서 저는 이제 그만하자고 생각했습니다.

'납품했어. 만세!'에서 '보람 있는 일을 해서 사회가 조금 달라졌어. 만세!'로 완전히 다르게 생각할 수 있는 일만 하겠노라 결의한 것이죠.

'일을 마치고 들이켜는 맛있는 맥주'의 문제

해서는 안 되는 것, 두 번째. '맛있는 맥주에 현혹되는 것.'

설령 내 아이디어가 엉망진창으로 어질러져서 여기저기 짜 깁기한 누더기가 된다 해도, 납품까지 다다르면 '끝났다!'라며 충실감과 달성감과 피로감을 온몸으로 느끼게 됩니다. 그날 밤 뒤풀이 자리에서 들이켜는 맥주는 단연 최고죠.

술에 취해서는 선배들과 "어쨌든 다행이야!"라며 목소리를 높이고 기분 좋게 잠자리에 듭니다. 이튿날 눈을 뜨면 '좋았어, 다시 힘내자!'라고 생각하며 새로운 가시밭길로 걷기 시작합니다.

물론 일단락을 지을 때마다 "수고하셨습니다."라고 서로 위로하는 것은 인생에 필요한 일입니다. 그러지 않으면 동기를 계속 유지할 수 없으니까요.

납품에 이르기까지 풀코스 마라톤 10회와 비슷할 만큼 노력을 쏟았으니 "여기서 잠깐 건배해요!"라며 수분을 보충하지 않으면 이어서 일할 수 없는 것도 당연합니다.

그렇지만 저는 저 자신에게 기획서를 쓰면서 깨달았습니다.

'내가 만들어낸 결과에 만족하지 못하는데 납품 후 마신 맥주가 맛있어서 보람 있는 일을 했다고 착각하는 건 아닐까.'

그 때문에 더 이상 맛있는 맥주에 현혹되지 않겠다고 마음먹었습니다. 금욕적인 말 같을지 모르겠는데, 그래도 '맛있는 맥주'는 정말 보람 있는 일을 한 다음 마셔야 행복할 것이라고 생각합니다.

'누구를 위하여 대안을 만드는가?' 하는 문제

해서는 안 되는 것, 그 마지막은 '대안에 기대는 것'입니다.

광고 창작자는 기획을 제안할 때 가장 자신 있는 안과 더불어 거의 반드시 대안을 가져갑니다. '여러 개 준비하지 않으면 실례'라든지 '상대방에게 선택지를 주는 게 중요'하다는 풍조가 뿌리내리고 있기 때문이죠.

접대 때문에 대안을 내놓는 것이라면 어쩔 수 없지만, '뭐가 좋은지 모르겠으니까 일단 여러 개 보여주자.'라는 생각이라면 개선할 여지가 있습니다.

사실 이것도 제 이야기입니다. 경험이 풍부하지 않던 20대의 저는 수많은 카피를 쓰고 그걸 그대로 발표해버렸습니다. 결국 통과되는 건 한 줄의 카피, 하나의 기획인데 말이죠.

저 스스로도 '절대 뽑혀야 하는 카피'를 쓰는 데 도전하지 않았던 겁니다. 자신이 없었기 때문에 대안을 내놓았죠. 더 이상 그러지 말자고 새로이 마음을 먹었습니다.

물론 기획을 발표하면서 '여기에 이르기까지 무슨 아이디어가 나왔고, 어떻게 생각했는지' 과정을 공유하기 위해 여러 아이디어를 덧붙이기도 합니다. 다만, 마지막에는 "…이렇게 여러 가지 생각해봤습니다만, 이 아이디어를 권해드립니다."라고 분명히 말합니다.

저는 스스로 이것밖에 없다고 여기는 아이디어를 당당하게 제안하려 합니다.

마무리

분위기를 만들자
─ 일하는 방식의 개성을 생각하기

드디어 자신에게 보내는 기획서의 마지막 단계입니다.

MINORITY DESIGN
소수자를 출발점 삼아 세계를 좋게 바꾼다

해야 할 것	하면 안 되는 것
① 광고 능력을 광고 밖에서 살리기 ② 대중이 아니라 한 사람을 위해 ③ 패스트 아이디어에서 　지속 가능한 아이디어로	① 납품 사고에 빠지는 것 ② 맛있는 맥주에 현혹되는 것 ③ 대안에 기대는 것

유머러스 + 매력적

　광고와 영상 분야에서는 '톤 앤드 매너tone & manner'라는 용어를 종종 씁니다. 예컨대 광고를 만들 때, 감독과 논의하는 건—기획과 연출도 중요하지만—톤 앤드 매너입니다.

　'톤 앤드 매너'란 간단히 말해 '분위기'를 가리킵니다.

　컬러풀하고 밝은 분위기로 할까, 번쩍번쩍하고 화려한 분위기가 좋을까, 강렬하고 진한 분위기가 나을까.

　전체적인 분위기를 세우면 모델의 대사 처리, 배경음악 선곡, 영상 색감 등의 방향이 자연스레 정해집니다. '개성' 같은 것이라고 할까요. 이때 정한 분위기는 광고 표현의 인상을 크게 좌우합니다. 그렇기 때문에 저는 일하는 방식을 다시금 정할 때도 '톤 앤드 매너'를 빠뜨리면 안 된다고 생각했습니다.

　저의 경우에는 '유머러스 + 매력적'을 설정했습니다.

진지한 이야기를 진지하게 전하는 게 최선인가 하면, 꼭 그렇지는 않습니다. 적절한 유머와 접근하기 쉬운 매력이 있을 때 사람들이 더욱 귀를 기울이기도 합니다. 주제가 어렵고, 무겁고, 남 일 같을 때야말로 이런 방식이 필요하다고 저는 광고를 만들면서 깨달았습니다.

'유머'는 팽팽한 긴장에 균열을 낸다

'웃음'에는 강력한 힘이 있습니다.

웃음의 어원이 '깨다'라는 주장이 있습니다.[*] 예를 들어 무거운 회의 자리에서 유머를 조금만 던지면 다 함께 웃으면서 팽팽한 긴장에 균열이 생깁니다. 웃음소리를 만들어내면 경직된 상태가 깨지고 새로운 국면이 펼쳐지는 것이죠. 그 웃음소리는 '하하'든 '허허'든 '킥킥'이든 '크크'든 '피식'이든 상관없습니다.

저는 제가 일해서 만든 것 때문에 사람들이 눈물 흘리기를 원하지 않습니다. 특히 소수자가 주제인 만큼 그리고 싶지 않습니다. 주먹을 치켜들며 화내고 싶지도 않고요. 되도록 유머

---

[*] 영어에서 'crack'은 '깨다'를 의미하지만, 'crack up'은 '웃음을 터뜨리다'라는 뜻이다.

사와다 도모히로 귀하

사와다 도모히로가
더욱 창조적으로
일하기 위한 제안

기획서 작성자: 사와다 도모히로

---

⑦ 분위기를 만들자　　　　　　　　　　　　　　　　　나

MINORITY DESIGN
소수자를 출발점 삼아 세계를 좋게 바꾼다

해야 할 것	하면 안 되는 것
① 광고 능력을 광고 밖에서 살리기 ② 대중이 아니라 한 사람을 위해 ③ 패스트 아이디어에서 　지속 가능한 아이디어로	① 납품 사고에 빠지는 것 ② 맛있는 맥주에 현혹되는 것 ③ 대안에 기대는 것

유머러스 + 매력적

러스하게 매력적인 방향으로 나아가고 싶습니다. 분노는 공감을 모으지만, 즐거움은 흥미를 이끌어내니까요.

그렇기 때문에 유루스포츠는 사회복지에 대한 이해를 넓히는 것이지만, 대놓고 그런 주장을 하지는 않습니다. 그저 재미있고, 다 함께 깔깔거리며 웃을 수 있는 것이죠. 먼저 "재밌어!"라고 말하게 하고 뒤이어 "실은 말이지….'라며 속뜻을 밝히는 편이 더욱 많은 사람들의 흥미를 불러일으킬 수 있습니다.

여기까지 해서 드디어 자기 자신에게 쓰는 기획서가 완성되었습니다.

내게 편한 세상을 만들기 위해
일해도 괜찮아

이번 장에서 설명한 모든 것은 다시 한 번 일하는 방식을, 삶의 방식을, '자신의 손으로 되찾는 과정'이었습니다.

'나는 누구일까?'라는 물음에 답하는 카드를 한 장 한 장 모두 테이블 위에 놓아봅시다. 당연하지만 '즐거움' '기쁨' '특기'를 조합해보는 것도 괜찮습니다. 하지만 시험 삼아 '분노'와 '기피 대상'을 엮어보면 당신만의 마이너리티 디자인이 시작될 겁니다. 소중한 사람의 강점과 약점을 알면 그 역시 새로운 카드로 손에 들어와서 새로운 일하는 방식을 발명할 수 있고요.

정리하면서 생각했는데, 자신에게 기획서를 쓰는 과정은 자신을 '있는 그대로' 아는 것이었습니다.

나에게, 가족에게, 소중한 사람에게 편안한 환경은 무엇일까? 이렇게 자문자답하며 이끌어낸 것은 '좋은지 싫은지' 혹은 '돈이 되는지 아닌지'를 뛰어넘어 가장 소중한 행동 지침이 되었습니다.

여러분도 부디 자신에게 기획서를 써보길 바랍니다. 자신과 마주하기 위해 필요한 근육이 길러질 겁니다.

5장

마이너리티 디자인을 하는 방법

한순간의 '심심풀이'가 아니라
장수하는 '생태계'를

Weak
is the
new strong

아무도 가르쳐주지 않았던
지속 가능한 아이디어

이 책의 마지막 장에서는 마이너리티 디자인으로 결과물을 내기 위한 '아이디어를 내는 법'에 대해 이야기하려 합니다. 그 중에서도 '오래 살아남고' '지속 가능한' 아이디어의 발상법을 되도록 구체적으로요.

아이디어를 내는 데는 몇 가지 방법이 있습니다.

예를 들어 1940년에 출간된 제임스 영James W. Young의 『아이디어 생산법』이지연 옮김, 월북 2018에는 "아이디어란 기존 요소를 새롭게 조합하는 것"이라고 쓰여 있습니다. 무척 쉽고 보편적이라서 100년 가까이 지난 지금도 이 방법이 광고 창작자들 사이에서는 정설로 통하고 있습니다.

그렇지만 이것은 어디까지나 아이디어의 '착상법'입니다. 제가 알고 싶은 것은 '오래' 사랑받고, '필요'하다고 여겨지는 아이디어를 만드는 방법이었습니다. 마이너리티 디자인이라는, '약점에서 시작하는 혁신'은 하룻밤 사이에 완성되지 않기 때문이었죠.

아이디어를 내는 것뿐 아니라 그 아이디어에 많은 사람들을 끌어들이고, 아이디어를 구체적인 형태로 만들고, 나아가 아이디어를 계속 키워갈 수 있기를 원했습니다. 그래서 이 모든 것들이 가능한 방법을 찾았습니다.

자문자답을 하면서 저 나름대로 생각해낸 장수하는 아이디어를 떠올리는 법, 즉 '마이너리티 디자인을 하는 방법'을 전해 드립니다.

한순간의 '심심풀이'가 아니라 성장하는 '생태계'를 만들자

오늘날은 프로 창작자만 콘텐츠를 만들어내는 시대가 아닙니다. 누구나 인스타그래머, 유튜버, 틱톡커가 될 수 있는 시대. 전 세계에서 수많은 사람들이 콘텐츠를 만들고 있습니다.

그런 시대에 저를 비롯한 기존 창작자들의 역할은 무엇일까요. 대체 뭘 만들면 좋을까요.

저는 제안하고 싶습니다. 초 단위로 소비되어버리는 콘텐츠만 만들 게 아니라 성장해가는 '생태계' 자체를 만들자고 말입니다.

생태계, 에코시스템ecosystem, 비오톱biotope… 표현하는 말과 정의는 여러 가지가 있지만, 저는 '새로운 세계'라고 인식하고 있습니다.

간단하게 말하면, 유튜브라는 세계에서 가장 창조적인 사람은 유튜브라는 생태계 자체를 만든 개발자라는 것입니다.

거기에 덧붙여서 거대한 플랫폼 기업만 생태계를 만들 수 있는 게 아니라는 것을 말하고 싶습니다. 한 사람의 창작자도, 아니죠, 일하는 사람이라면 모두 생태계를 만들 수 있습니다.

기존의 상식과 당위에서 떨어진 곳에 새롭고 독특한 세계를 만드는 것입니다. 그 세계가 매력적이고 필연적이라면 수많은 사람들이 마치 새로운 세계의 시민처럼 모여듭니다.

저는 스포츠 세계에 '유루스포츠'라는 새로운 생태계를 만들었습니다.

그러자 이 생태계에 기업, 자치단체, 언론, 학교, 국가대표 선수, 장애 당사자, 엔지니어, 예술가 등 수많은 '플레이어'들이 모여들었고, 차례차례 새로운 스포츠가 태어났습니다. 또한 광고업계에 빠져 지내던 저 같은 카피라이터와 기획자, 창작자가 활약할 수 있는 새로운 무대도 되어주었지요.

그 생태계가 있는 덕에 사람과 기업과 기술이 서로 연결되었고, 마치 하나의 생명체처럼 천천히 성장해갔습니다. '유행'이나 '현상' 같은 게 아니라 '개념'이 형성된 것이죠. 조금씩이지만 분명히 커지는 새로운 '세계관'이 마이너리티 디자인에 강력한 추진력을 더했습니다.

그야말로 생태계를 만든 것입니다.

만들고 끝이 아니라
만들면 비로소 시작

함께 '닌닌'을 만든 후배 다카하시 고스케가 이런 말을 한 적이 있습니다. "유루스포츠는 '놀기 좋은 모래밭'이네요."

정말 절묘한 표현인데, 그에 덧붙여서 모래밭에 있는 것은 보슬보슬한 모래뿐입니다. 이미 완성된 놀이기구와 장난감은 없지만, '나도 뭔가 만들 수 있겠다.' 혹은 '재미있겠다.' 하는 생각이 드는 곳이라는 말입니다.

다카하시가 입사 1년 차일 때 잡담을 나눈 적이 있었는데, "유루스포츠 만들어볼래?"라고 말을 걸었습니다. 그 뒤 다카하시는 아이디어를 20~30개 가져왔고, 그중에는 정말 좋은 것도 있었죠.

예를 들어 '양말 개어 넣기'. 바닥에 엉망으로 어질러진 양말들에서 올바른 짝을 찾아 잘 개고 바구니에 집어넣는 경기입니다. 반칙을 '반삭스socks'라고 부르는데,* 서로 무늬가 다른 양말을 짝 맞춰 개면 '노삭스', 깔끔하게 개지 않아서 양말이 귀가 쫑긋한 여우처럼 되어 있으면 '폭스'라고 합니다.

유머러스한 데다 공 넣기를 못하는 아이도 눈썰미만 있으면 짝을 맞추는 역할로 활약할 수 있습니다. 빨래를 정리하면서 가족끼리 하면 아이가 정리·정돈 연습도 할 수 있는 무척 좋은 스포츠죠.

"유루스포츠는 누군가를 웃길 수도 있고 깊이 생각할 거리를 줄 수도 있어요. 허용 범위가 넓은 만큼 아이디어를 생각하기가 즐겁고 기획에 진입하는 장벽도 낮아요."

그렇게 말해준 다카하시는 현재 발명가로 활동하며 점자와 문자를 조합하여 눈으로도 손가락으로도 읽을 수 있는 새로운 서체 '브라유 노이에Braille Neue' 등을 만들었습니다. 참고로 브라유 노이에는 시부야구에서 공공표지 등에 사용하고 있지요.**

저는 '유루스포츠'를 처음 발견한 사람이지만, 결코 리더는 아니라고 생각합니다. 저 역시 이 생태계가 어디로 나아가 어

---

* 일본어로 '반칙'은 '한소쿠(はんそく)'라고 발음하며, '삭스'는 '솟쿠스(ソックス)'라고 한다. 반칙에서 '소쿠'를 발음이 비슷한 '솟쿠스'로 바꾼 것이다.
** 브라유 노이에 홈페이지에서 좀더 자세히 살펴볼 수 있다. http://brailleneue.com

떻게 성장할지 모르기 때문입니다.

제가 한 일을 책에 비유하면, 일단 '유루스포츠'라는 제목을 정하고 서문을 썼을 뿐입니다.

'유루스포츠는 남녀노소 및 건강, 장애 등과 상관없이 다 함께 즐길 수 있는 스포츠입니다. 목표는 운동 약자를 없애는 것. 이 세계에서 스포츠를 꺼리는 사람이 줄어들어서 모두 일상적으로 스포츠를 즐긴다면, 얼마나 멋질까요. 그런 세계를 함께 만들지 않겠어요?'

이런 서문 뒤에 1장, 2장… 하고 책이 이어지겠지만, 그 내용은 정해져 있지 않습니다. 심지어 저는 무슨 내용을 써야 할지 전혀 모릅니다. 그래서 사람들에게 물어봅니다. "어떤 스포츠가 있으면 재미있을 것 같아요?" "스포츠를 싫어하는 사람이 없는 세계가 있다면, 어떤 모습일 것 같아요?" 그렇게 많은 사람들을 끌어들였습니다.

생태계를 만들 때 중요한 점은 다른 사람들이 끼어들 수 있는 '문'을 만들어두는 것입니다. 그러면 그 문을 통해 새로운 동료, 공간, 시간이 생겨납니다.

만들었으니 끝이 아니라 만들었으니 이제 시작이다. 이것이 바로 생태계를 만드는 마음가짐입니다.

생태계를 만드는 방법,
'PPPPP'

'말은 좋은데 생태계를 어떻게 만들라는 거야?' '어려울 것 같은데….' 이렇게 생각하는 독자들이 있을 듯해서 '생태계를 만드는 틀'이라는 걸 고안해봤습니다. 다르게 표현하면 이 책의 제목을 따와서 '마이너리티 디자인의 틀'이라고 할 수도 있지요.

만약 운명의 과제를, 자신의 재능을 활용할 곳을 찾고 있다면, 한번 시도해보길 바랍니다.

제가 여러분에게 제시할 틀은 'PPPPP피피피피피'라고 합니다.

• 위기Pinch 발견

우선 '위기'를 발견하는 것으로 시작합니다. 위기란 교과서적인 '저출생·고령화'나 '내수 시장 축소' 같은 것이 아니라 훨씬 '개인적'인 것을 말합니다. 이른바 '마이너'한 것도 상관없습니다. 제가 찾은 위기는 '아이가 시각장애인이다.' 그리고 '내가 운동 약자다.' 하는 것이었지요.

만약 어디선가 들은 적이 있는 과제라면, 이미 누군가 많이 고민했을 가능성이 높으니 굳이 나설 필요는 없겠습니다. 아무리 사소하고 범위가 좁아도 괜찮습니다. 거의 아무도 손대지 않은 위기를 찾아냈다면 만세를 외쳐도 됩니다.

위기 발견은 '새로운 소수자'를 드러내 보이는 것이나 다름 없습니다. "수학을 못해."라면 '수학 약자', "청소가 싫어."라면 '청소 약자'. 위기 발견은 숨어 있던 소수자에게 빛을 비추는 것입니다.

• 철학Philosophy 구상

위기의 다음 차례는 '철학'. 위기 해결 프로젝트에 참여한 이들이 공유해야 하는 의식과 가치관을 가리킵니다. 모두 마음속에 품어야 하는 '구호'라고도 할 수 있죠. 유루스포츠로 예를 들면 '운동 약자를 이 세상에서 없애겠다.'라는 구호가 이에 해당합니다.

'인류를 행복하게'처럼 추상적이거나 '기술로 사회를 풍요롭게'처럼 뻔한 말이 아니라 '내가 적극적으로 관여하고 싶은 구체적인 미래'를 말로 표현하는 것입니다. 그런 말이 있을수록 "재밌을 것 같아!" "그런 미래가 있었구나!" "나도 뭔가 힘을 보태고 싶어."라며 다양한 동료가 모여들고, 멋진 생태계가 태어날 가능성이 높아집니다.

• 플랫폼Platform 구축

이제 위기를 해결할 '플랫폼'을 만들 차례입니다.

무언가 과제를 해결하려고 할 때, 우리는 단발성 아이디어를 내는 경우가 많습니다. 만약 제가 '핸드소프볼'이라는 스포츠 하나만 만들었다면 "아, 재미있는 스포츠가 있네."라는 감상으로 끝났을 겁니다.

더욱 장기적이고 넓은 시야로 단발성 아이디어가 아닌 수많은 과제와 정보가 담길 수 있는 그릇을 만들어야 합니다. '유루스포츠'라는 플랫폼이 있었기 때문에 아기 농구와 애벌레 럭비 같은 다양한 경기가 만들어질 수 있었고, 여러 기업과 지방자치단체를 계속해서 끌어들일 수 있었습니다. 그러자 위기의 수만큼 새로운 경기가 태어났고 점점 널리 퍼져갔지요.

그와 더불어 플랫폼에 적절한 이름을 지어주는 것도 중요합니다. 카피라이터의 특기 분야라고 할 수 있기에 뒤에서 자세히 설명하겠습니다.

• 그림Picture 그리기

비즈니스맨에게는 당연한 이야기일 텐데, 지속 가능한 계획을 미리 세워두자는 말입니다. 치밀한 사업 계획이 아니라 대략적인 메모도 괜찮습니다.

유루스포츠의 경우에는 스포츠를 '수많은 과제를 해결할 때 쓰는 범용성이 뛰어난 도구'로 인식했습니다. 스포츠 발전을 위한 콘텐츠가 아니라요.

가령 스포츠를 '약'으로 정의하면, 의료 영역에서 활용할 수 있습니다. '교육 아이템'으로 정의하면, 학교들에 퍼지겠죠. 스포츠업계의 일본 시장 규모는 약 5조 엔인데, 스포츠 영역 밖에서 스포츠의 힘을 활용한다는 전제 아래 계획을 세우니 '이건 장기적으로 해볼 수 있겠다.'라는 예상이 들었습니다.

• 시제품 Prototype 만들기

잊어서는 안 되는 중요 사항이 있으니 빠르게 시제품을 만들어보는 것입니다.

저에게는 그게 '핸드소프볼'이라는 개그 같은 스포츠였는데, 사실 '일단 하나 만들어보는 것'은 공학과 디자인 영역에서 일의 기본이라 할 수 있습니다. 만들어보지 않으면 가설을 검증할 수 없고, 내가 그린 그림대로 일이 진행된다는 보장이 없기 때문입니다. 그래서 일단은 직접 만들어보는 겁니다.

퇴근해서 집에 돌아오면 화장실을 차지하고 요리조리 비누의 배합을 바꿔보던 날들… 얼핏 무의미해 보이는 시간이 그 뒤에 모든 유루스포츠의 롤 모델이 되었고, 또 다른 스포츠가 만들어지는 것으로 이어졌습니다.

제가 지금까지 만든 'PPPPP'를 한번 정리해보겠습니다.

'운동치인 나를 어떻게 좀 하고 싶다.'라는 개인적이기 그지없는 위기Pinch에서 시작해 '운동 약자를 이 세상에서 없애겠다.'라는 철학Philosophy을 내걸었습니다. '유루스포츠'라는 플랫폼Platform을 만들어 '스포츠를 범용성 있는 도구로 쓰겠다.'라는 그림Picture을 그리고, '핸드소프볼'이라는 시제품Prototype을 만들었지요.

기업이나 개인과 이야기하다 'PPPPP' 중 한 가지를 빠뜨린 탓에 프로젝트가 잘 풀리지 않거나 아예 멈춰버리는 경우가 많다는 것을 깨달았습니다.

모처럼 훌륭한 아이디어를 내고 구상했는데, 전혀 구체화하지 못했습니다(시제품을 만들지 못했습니다). 모처럼 근사한 아이디어를 내고 시제품을 만들었는데, 단발성 아이디어에 그쳐 플랫폼이 되지 못한 탓에 다음 전개가 이어지기 어려웠죠. 얼핏 최신 기술을 활용한 멋진 아이디어인 줄 알았는데, 자세히 살펴보니 누구의 위기도 고려하지 않은 것이었습니다.

저는 'PPPPP'가 생태계를 만들 때뿐 아니라 앞으로 이 사회에 필요한 사업을 구상할 때도 도움이 되리라 생각합니다.

마음 맞는 동료를 모을 때도
'PPPPP'

현재 제가 진행하는 프로젝트들은 모두 수많은 동료들 덕에 진행되고 있습니다. 솔직히 이제 제가 없어도 괜찮을 것 같을 정도죠.

실은 동료를 모을 때도 'PPPPP'가 유용합니다. 사람마다 어떤 'P'에 공감할지 모르는데, 'P'가 다섯 가지 있으면 그만큼 마음이 움직일 가능성도 높아지게 마련입니다.

유루스포츠를 예로 들면, 운동 약자라는 저와 아들의 '위기'에 흥미를 지닌 사람들이 많았습니다. 왜냐하면 운동 약자에 근거를 둔 프로젝트와 사업은 매우 드물기 때문입니다. 즉, '위기의 희소성'에 끌린 것이죠.

'운동 약자를 이 세상에서 없애겠다.'라는 '철학'에 공감하여 들어온 멤버도 있습니다. 그중 대부분은 스포츠를 기피하던 사람들로 자기 자신의 일이라 여기며 동료가 되어주었습니다.

'유루스포츠'라는 '플랫폼'에 끌린 사람들은 순수하게 웃을 수 있는 스포츠라는 장르에 흥미를 느낀 것입니다. "신선해!" "재밌을 것 같아!"라며 프로젝트에 들어왔지요. 이노베이터나 얼리어답터 같은 사람들입니다.

'스포츠를 범용성 있는 도구로 쓰겠다.'라는 '그림'에 공감해준 이들은 행정, 의료, 교육 관계자와 기업이었습니다.

예를 들어 노인복지시설과 함께 목청의 재활에 도움이 되는 스포츠로 개발한 '통통 목소리 스모'가 있습니다. 작은 씨름판 위에 종이로 만든 스모 선수를 올리고 상대방의 선수를 밀어내거나 쓰러뜨리면 승리하는 경기인데, "통통!" 하고 목소리를 내면 씨름판이 진동해서 종이인형이 움직입니다. 필연적으로 발성해야 하는 스포츠인 것이죠. 결과적으로 고령자가 목의 근육과 심폐 기능을 단련할 수 있습니다. 지금껏 없던 방식으로 스포츠를 활용하는 데 매력을 느끼는 이들이 많다는 사실을 알려주는 사례입니다.[*]

마지막으로 순수하게 '시제품'에 흥미를 느끼는 사람들도 있습니다. 즉, '아웃풋' 부분을 눈여겨보는 것인데, 일반 생활인들의 시선이 그렇습니다. "핸드소프볼이 뭐야?" "애벌레 럭비라니 재밌을 것 같아!" 이렇게 눈앞의 콘텐츠에 관심을 주는 사람들, 실은 이런 사람들이 가장 많습니다. 이런 분들에게 나머지 네 가지 'P'에 대해서 설명하면 "그런 뜻이 있었군요!"라며 한층 더 흥미로워합니다.

[*] 통통 목소리 스모의 공식 홍보 영상을 다음 주소 또는 QR코드를 통해서 볼 수 있다. https://youtu.be/GDvcSkQ96Jg

귀사만의 과제는
무엇일까요?

참고로 기업과 함께 'PPPP'를 실행할 때, 가장 고민하는 단계가 '위기' 발견입니다. 처음 등장하는 동시에 가장 높은 허들이지요.

테이블을 둘러싸고 앉은 자리에서 "이거 원, 새로운 과제가 영 떠오르지 않네요…. '강점'이나 '가능한 일'은 안 될까요?" 같은 말을 종종 듣습니다.

그럴 때 저는 축구 국가대표였던 혼다 게이스케 선수의 이야기를 합니다. 혼다 선수가 해외 팀에서 뛰던 시절 부상으로 고생하던 와중에 인터뷰에서 이런 말을 했습니다.

"지금 이 위기는 세계에서 나만 경험한 것인지도 모른다. 그 야말로 찬스라고 생각한다."

처음에는 그가 강한 척하는 것 같았습니다. 하지만 자기밖에 경험하지 않은 '독자성 강한 위기'를 순풍으로 삼을 수 있다고 믿는 것 자체가 혁신의 원동력이 아닐까 싶더군요.

위기를 발견하는 데 도움이 되는 것이 앞서 소개한 '자신에게 보내는 기획서'의 사고방식입니다.

위기를 '분노'나 '슬픔', 아니면 '약점'이나 '콤플렉스'로 바꾸어도 상관없습니다.

위기와 약점 등 '소수자 특성'은 다양하기 때문에 그로부터 비롯되는 아이디어 역시 독창적일 수밖에 없습니다. 그래서 저는 자꾸자꾸 제 약점을 드러내 보입니다. 그것이야말로 타인과 중복되지 않는 나다운 것이니까요.

다 함께 자기 자신에게 있는 소수자 특성을 발견하여 그 위기를 서로 교환하고 찬스로 바꿀 수 있다면 어떨까요. 그럴 힘이 기업에도 우리에게도 있습니다.

저는 늘 같은 질문을 던지고 있습니다.

"귀사만의 과제가 무엇이라고 생각하시나요?"

위기를 발견할 때 비로소 마이너리티 디자인이 시작되고 그로부터 새로운 혁신이 태어납니다.

모두 마음을 모아
오래도록 살아남을 말을

위기를 찾은 다음 자주 막히는 단계가 '플랫폼'에 이름을 붙일 때입니다.

카피라이팅의 영역이니 참고할 수 있도록 한 가지 사례를 구체적으로 소개하겠습니다.

유루스포츠를 만들기 조금 전, 제가 정통 카피라이터로서 담당했던 마지막 업무 중에 '고치가高知家, 고치케'라는 것이 있습니다.

앞서 소개한 '지팝'도 '고치가'의 일환이었는데, '고치가'는 그야말로 고치현의 전체 주민 73만 명(당시)에게서 창의성을 이끌어냈던 프로젝트입니다.

2013년에 착수한, 고치현으로 이주를 촉진하는 광고 계획. 그 프로젝트를 총괄하는 이는 야스다 하루히코 씨라는 유명한 크리에이티브 디렉터였습니다. 그는 고치현 출신으로 '도사土佐 피디아'*라고 불릴 만큼 고치현의 정보를 완벽히 꿰고 있었습니다. 야스다 씨는 저에게 고치현의 장점을 뜨겁게 이야기해주었습니다.

"누가 뭐래도 시만토강의 아름다움은 최고야." "일본 술이라면 역시 '도사쓰루'야. 고치현 사람들의 소울 드링크랄까. 세계에서 가장 맛있는 술이라고." "가다랑어를 짚불로 굽는데, 그러면 짚불의 좋은 향이 배어서…."

그날 밤, 곧장 팀원끼리 모여서 고치현의 맛에 감탄하며 끝없는 고치현 강의를 들었습니다. 심지어 고치현 특유의 술자리 예절 같은 것도 배웠고요.

* 도사는 고치현의 옛 이름이다.

이튿날 아침, 맛있는 음식을 사준 야스다 씨에게 감사 메일을 보내려 하는데, 이미 그가 보낸 메일이 와 있었습니다.

"사와다 같은 친구가 동료로 들어와줘서 마음이 든든해. 고마워."

온몸에 번개 같은 것이 흘렀습니다.

고치현에서 가장 매력적인 것. 그건 바로 '고치인'이 아닐까. 붙임성 좋고, 주위 사람을 잘 돌보고, 뜨거울 만큼 따뜻한 고치현의 사람들.

야스다 씨가 고치현 주민들을 소개해주었는데, 만나는 사람마다 엄청 우호적으로 거침없이 다가왔습니다. 새로운 사람을 만나면 대체로 목욕물을 뒤집어쓰듯 술을 마시고 금세 사이가 좋아졌죠. 개인적 영역이라고는 거의 없었고요.

불교 성지를 찾는 순례자들이 전국 각지에서 고치현으로 찾아왔기 때문에 만나는 모든 이를 소중히 대하는 가치관이 고치인에게 뿌리내렸다는 사실을 역사책을 살펴보고 알았습니다. 실제로 고치현의 결혼식에서는 '술자리에서 만난 사람의 자리'를 따로 마련해둔다고 할 정도죠.

누구나 마치 가족처럼 대해주고 따뜻하게 반겨줍니다. 이주하면 가정적인 환경이 맞아주지요. 저는 그런 고치현만의 좋은 점을 한마디로 나타내는 카피, 아니, 개념이나 다름없는 것을 생각해냈습니다.

그것이 '고치가'입니다.

솔직히 광고상 같은 걸 수상할 만한 카피는 아닙니다. 강한 자극이 있는 말은 아니니까요. 하지만 저는 그 말을 떠올린 순간, 이 말이 고치현에서 장수하는 이미지를 곧장 연상했습니다. '이건 된다.'라고 확신했죠.

저는 일단 야스다 씨를 비롯한 선배들에게 제 아이디어를 발표했습니다. '현県'이라는 행정구역을 떼어내고, 그 자리에 가족의 '가家'를 붙여보았다고요. 고치현이 '고치가'라는 하나의 대가족이 된다. 고치현과 연이 있는 사람이 모두 가족이 된다.

발표를 끝까지 들은 야스다 씨가 조용히 오른손을 내밀더니 마침내 입을 열었습니다. "고마워."

"고치현에 사는 사람이라면 누구나 느끼면서도 언어화하지 못했던 걸 제대로 표현했어."

그날로부터 8년이 흐른 지금도 '고치가'라는 개념은 쓰이고 있습니다. 고치현에서 기른 채소의 포장에 '고치가'의 로고가 들어가고, 고치가의 핀배지는 2020년 12월까지 약 40만 개가 출하되었습니다.

물론 다른 지방 캠페인처럼 고치현에 대한 '영상'과 '노래' 같은 콘텐츠도 만들었는데, 그 중심에는 늘 '고치가'라는 플랫폼이 있었습니다.

결과를 보면 고치현의 전체 인구는 조금씩 감소하고 있지

「고치가의 노래」 뮤직비디오 중에서.

만, 2011년 120가구였던 전입가구가 2019년에는 1030가구로 늘어났습니다. '고치가'라는 개념은 착실히 결실을 맺고 있습니다.

'카피'가 아닌
'개념'을 만들자

'고치가'라는 말은 어떻게 오랫동안 살아남을 수 있었을까요? 저는 두 가지 이유가 있다고 생각합니다.

첫 번째는 카피가 아니라 '개념'을 만들었다는 점입니다.

'고치가'라는 말이 바로 그 사례죠.

제 직업은 카피라이터이지만, 사실 이제는 거의 카피를 쓰지 않습니다.

카피란 눈길을 확 사로잡는 말로 상품과 서비스를 단적으로 표현하고 좋은 이미지를 심어줍니다. 그 말 덕에 사람의 행동이 변하고 구매로 이어지는 게 이상적이라고 하죠. 하지만 아쉽게도 대부분의 카피는 수명이 짧습니다. 매체와 기간이 정해져 있어서 일단 노출되면 그걸로 끝이죠.

한편 제가 추구하는 개념은 '긴 수명'을 목표합니다.

이 세상에 사건, 사물, 사상 등으로 항상 존재하고 있지만, 누구도 언어화하지 않은 것. 그것을 잊기 어려운 말로 표현한 것이 개념입니다.

예를 들어 '싱글족'이나 '육아대디'도 그런 개념이라 할 수 있습니다.

'육아대디'라는 말은 찬성과 반대가 나뉘지만, 그 개념의 일반화가 남성의 육아휴직 사용에 힘을 실어준 것은 사실입니다.*

말로 표현하여 눈에 보이면 많은 사람들이 '아, 그렇구나!' '요즘 그런 사람들이 늘어났어!'라고 깨닫습니다. 그러면 그 개

---

* 일본에서는 '육아'의 '육(育)'과 남자를 뜻하는 '맨'을 합쳐 '이쿠맨(育メン)'이라고 한다.

념을 누구나 쓸 수 있게 되고 행동까지 변화합니다. 그 말 위로 사람과 정보, 때로는 돈도 흘러가지요.

다시 말해, 개념이란 '사회의 인프라'인 것입니다.

수도나 도시가스 등과 달리 정비에 거액이 필요하지는 않습니다. 오히려 경우에 따라서는 돈이 거의 들지 않는 '무상 인프라'도 될 수 있죠.

발명한 지 5년이 지난 지금도 계속 널리 퍼지고 있는 '유루스포츠' 역시 개념의 사례 중 하나입니다.

참고로 '고치가'와 '유루스포츠'라는 이름들을 생각할 때 저는 한 법칙을 따랐습니다.

그 법칙이란 '누구나 아는 두 가지 단어를 누구도 몰랐던 조합으로 보여주는 것'입니다. '고치'와 '가', 각각의 단어는 누구나 알지만 '고치가'라는 단어는 들어본 적이 없었습니다. '유루'와 '스포츠'도 마찬가지였고요.

이 법칙대로 생각해낸 말에는 신선함과 공감이 동시에 있습니다. 즉, '새로운데 왠지 반가운 말'입니다. 사람들은 그런 말에 매력을 느낍니다.

'일순'보다 '일생', '즐거움'보다 '기쁨'

'고치가'라는 말이 오랫동안 살아남은 또 다른 이유는 그 말을 사용하는 사람들을 살펴보고 알았습니다.

'고치가'라는 말이 '즐거움'뿐 아니라 '기쁨'도 만들어냈던 것입니다.

고치가를 시작하고 반년 정도 지났을 때 「고치가의 노래: 밥상과 가족사진」이라는 노래를 만들었습니다. 주민들에게서 모집한 에피소드를 바탕으로 고치현의 마스코트 캐릭터인 '가다랑어 인간ヵ"ォ人間'이 작사를 했고, 고치현 출신 음악가인 오카모토 마요 씨가 작곡을 맡았습니다. 노래는 역시 고치현 출신인 배우이자 가수 시마자키 와카코 씨에게 부탁했죠. 녹음과 뮤직비디오 촬영, 편집을 마치고 마침내 완성된 영상을 편집실에서 시사했을 때, 야스다 씨는 눈물을 흘렸습니다.

제가 고치현의 프로젝트에 참가하기로 결정되었을 때, 야스다 씨는 저에게 한 가지 지령을 내렸습니다. "나를 울려봐." (말도 안 되는 주문입니다만) 저는 「고치가의 노래」로 야스다 씨를 울리고 싶었고 가다랑어 인간을 보조해 가사를 생각했습니다. 가사 중에 이런 구절이 있습니다. "함께 웃자 / 혼자서 고민하지 마 / 혼자 울지 않아도 돼."

「고치가의 노래」 뮤직비디오 중에서.

"고치인으로서 이런 표현을 고대해왔어." 야스다 씨는 무척 기뻐하면서 웃어주었습니다.

그 후로 「고치가의 노래」는 현청에서 점심시간에 스피커로 틀어주고, 주민수첩에 가사가 게재되고, 연례 축제에서 모두가 노래에 맞춰 춤추는 등 고치현의 공식 노래 같은 대우를 받고 있습니다.[*]

그 당시 여러 지방자치단체에서 유행을 노리고 만든 영상은 어딘지 우습거나 즐거운 분위기를 연출하거나 눈에 확 띄는 것이 많았습니다.

물론 즐거움이란 좋은 것이고, 많은 사람의 관심을 끄는 데 중요한 요소입니다. 하지만 그보다 더욱 중요한 것은 '기쁨'이라는 감정을 일으키는 것입니다. 다르게 표현하면, '기호품' 같은 아이디어에서 나아간 '필수품' 같은 아이디어가 중요하다는 말입니다.

'즐거움'은 일순이지만, '기쁨'은 일생입니다. '기쁨'이라는 스며들듯이 퍼지는 감정을 소중히 여기는 것이 오래 살아남는 창작의 비결입니다.

---

[*] 「고치가의 노래」의 뮤직비디오를 다음 주소 또는 QR코드를 통해서 볼 수 있다. https://youtu.be/kJwrnuXscac

기획의 최종 점검은
'감화의성장'에 따라

지금까지 'PPPPP'라는 방식과 오랫동안 살아남는 생태계를 만드는 방법을 살펴봤습니다.

마지막으로 '감화의성장'이라는, 이 프로젝트가 목표하는 사람에게 제대로 닿았는지 점검할 수 있는 방법을 소개합니다.

'감 = 감탄' '화 = 화' '의 = 의문' '성 = 성원' '장 = 장난기'입니다.*

이것들은 제가 마이너리티 디자인을 하면서 정공법대로 '올바르게 기획하는 법은 무엇일까?'가 아니라 '어떻게 해야 사람들이 이 아이디어에 주목해줄까?'를 연구한 결과 고안해낸 것입니다.

이번에는 시각장애인 안내 로봇 '닌닌'을 예로 들겠습니다.

이 기획의 출발점은 '왜 시각장애인이 용기와 배짱과 감만으로 횡단보도를 건너야 하지?'라고 '화'를 낸 것이었습니다.

'화'는 현재 상황에 '의문'을 품는 계기가 되었죠. '이토록 디지털 기술이 발전했는데 시각장애인만 아날로그 세계에서 살

---

* 원서에서는 '기획의 아이우에오(あいうえお)'라고 하며, '아'는 '장난기(遊び心, 아소비고코로)' '이'는 '화남(怒り, 이카리)' '우'는 '의문(疑い, 우타가이)', '에'는 '성원(エール, 엘)', '오'는 '감탄(驚き, 오도로키)'이다.

아가는 건 이상하지 않아?'

이 위기를 꼭 해결하고 싶었던 이유는 '눈이 보이지 않는 아들과 시각장애가 있는 친구들에게 도움을 주고 싶다.'라는 바람이 있었기 때문입니다. 즉, 소중한 사람을 향한 '성원'이 있었던 것이죠.

다만, 제가 일하는 방식을 새로 세우며 정한 '유머러스 + 매력적'을 따르려면 기획에 '감탄'할 만한 점이 더 필요했습니다. 그래서 '보디 셰어링'이라는, 신체 기능을 공유하는 콘셉트를 도입한 겁니다. 놀라운 지점이 있으면 사람들은 '이거 뭐야?'라며 궁금증을 품습니다. 더 알고 싶어하는 것이죠. 그럴 때 시각장애인과 누운 채 생활하는 사람이 서로 눈과 다리를 공유한다는 세부 내용을 전하면 "그렇구나!"라며 고개를 끄덕입니다. 그렇게 평소에 사회복지에 무관심하던 사람들에게도 정보를 전달하는 것이죠.

여기까지 생각하고 마지막으로 남은 게 있었습니다. 아직 부족했던 장난기. 그래서 마지막으로 덧붙인 것이 '닌자'라는 아이디어였습니다.

왜 기획에 장난기가 필요할까? 장난기가 아예 없으면 바쁜 현대인이 좀처럼 눈길을 주지 않기 때문입니다.

카피라이터인 나카하타 다카시 씨가 '새우튀김의 꼬리 이론'이라는 걸 제창한 바 있습니다.

그에 따르면 "새우튀김의 꼬리는 먹지 못하기 때문에 실은 없어도 된다. 하지만 꼬리가 있기에 새우튀김이라는 정체성이 분명해지고 시각적으로 즐길 수 있다. 그 결과 사람들은 가격이 높아도 새우튀김을 사 먹는다."

그 말대로 새우튀김에 붉은 꼬리가 없다면 정체 모를 길쭉한 튀김에 지나지 않을 겁니다. 얼핏 보면 쓸모없고 기능적이지 않은 '장난'에서야말로 문화적 가치가 싹트며, 그 점에 사람들이 끌린다는 이야기죠.

다시 '닌닌'으로 돌아가면 닌자는 주인을 섬기는 '종'이기 때문에 시각장애인을 돕는 로봇의 입장과 잘 어울립니다.

그와 더불어 닌자는 자신의 진영과 다른 진영 사이의 정보 격차를 메우는 역할을 했습니다. "저들이 화승총이라는 새로운 무기를 사용하기 시작했습니다."라고 말이죠. 시각장애는 어쩔 수 없이 적은 정보량을 접하기 때문에 '정보장애'라고 불리기도 합니다. 그런 현재 상황을 닌자라는 유머러스한 상징으로 표현했습니다.

또한 디자인의 힘 덕에 '닌닌'은 둥글고 통통한 엉덩이를 지니고 있습니다. 한번 보면 "엉덩이가 귀여워!" "만져보고 싶어요!"라고 할 만큼 엉덩이가 큰 인기를 끌었죠. '만지고 싶은 로봇'이 된 것입니다. 명색이 닌자이기 때문에 "닌닌!" 하면서 손을 위아래로 흔드는 기능까지 갖추고 있습니다. 통통한 엉덩이도 "닌닌!"도 전혀 '쓸모없는' 기능이지만 사랑을 받는 특징이 되었습니다.

지금까지 '감화의성장'을 살펴봤습니다. 이 다섯 가지 요소가 갖춰지면 널리 주목을 받으며 지속 가능한 생태계가 태어날 준비가 된 것입니다.

사람이 아니라
말에 리더십을 주자

여러 일을 하면서 저는 카피라이팅이라는 행위의 또 다른 가능성을 깨달았습니다.

바로 말에 리더십을 주는 것입니다.

'PPPPP'와 '감화의성장'을 활용해서 아무리 멋진 아이디어를 떠올리고 추진하고 싶은 기획을 만들어내도, 리더가 계속 있지 않으면 생태계는 성장하지 않습니다.

오랫동안 저도 '리더'라고 불리는 자리에 있으면서 콤플렉스를 느꼈습니다. 프로젝트 리더라고 임명을 받은들 팀원을 질책할 수 있을 리 없었고, 동기를 부여해서 능력을 발휘하게 하지도 못했죠. 지식과 경험에 기초한 정확한 지시 같은 건 언감생심… 고민이 이만저만 아니었습니다.

그렇지만 저는 현재 다양한 프로젝트를 추진하고 있고, 세계유루스포츠협회의 대표이사도 맡고 있습니다. 그럴 수 있었던 이유는 다음처럼 생각을 바꾸었기 때문입니다.

'나한테 리더십이 없어도 리더십이 있는 말을 만들면 돼. 내가 만든 말에 리더를 맡기면 되잖아.'

이 세상의 진리를 꿰뚫는 본질적인 말에는 사람을 움직이는 힘이 있습니다.

예를 들어 널리 알려진 '제3의 장소'라는 말이 있죠. 스타벅스가 점포를 만들며 내세우는 슬로건으로 유명한데, 애초에 이 말은 레이 올든버그라는 도시사회학자가 도심에서 생활하는 사람들이 '마음의 휴식을 위해' 모여드는 곳을 '제3의 장소third place'라고 부른 것에서 유래했습니다.

그 말이 마음에 들어 적극적으로 활용한 사람이 스타벅스의 전 회장 하워드 슐츠입니다. 회사도 집도 아닌 편히 쉴 수 있는 '또 다른 장소'를 만들자. 그런 뜻을 '제3의 장소'라는 말에 담은 것이죠.

그 말이 있었기 때문에 직원들에게 '이 점포를 편하고 좋은 곳으로 만들자.'라는 의식이 싹텄고, 나아가 손님들까지 그 말을 인식하면서 다 함께 특유의 공간을 만들어냈습니다.

일본을 예로 들면 전자기기 제조사 샤프의 '착안점이 샤프하죠.'가 떠오릅니다.

이 역시 압도적인 리더십을 지닌 카피입니다. '새우튀김 꼬리 이론'을 제창한 나카하타 다카시 씨가 만들어 20년 넘게 샤프를 상징했죠.

이 말 덕분에 새로운 관점이 생겨났을 겁니다. 회의 자리에서 "오! 발상이 샤프하네요!" 혹은 "샤프함이 덜 하니까 좀더 생각해볼까요?"라며 의사결정 과정 중에 추구하는 하나의 지표까지 되었겠죠.

조직과 팀의 이름에도
리더십을 줄 수 있다

2018년 저는 '장애공략과'라는 말을 만들었습니다.

여기서 말하는 '장애'란 차별 의식이나 높낮이차 등 사회 쪽에 있는 장애를 가리킵니다. 그 뒤에 붙은 '공략과'라는 말은 그런 장애를 게임을 하듯이 '다 함께 깨보자(공략하자)!'라는 자세를 뜻하고요.

현재 장애공략과는 비영리사단법인입니다. 재미있는 것은 이름을 먼저 만들었고 그다음 멤버들이 모여들었다는 사실이죠. 장애 당사자, 배리어 프리 전문가, 광고회사 기획자, IT회사 프로듀서… 그들 사이에 상하관계는 없습니다.

리더십을 발휘하는 것은 역시 장애공략과라는 말 자체입니다. '우리는 장애를 공략하는 조직입니다.'라는 의식이 자연스레 생겨났고, 멤버들은 자발적으로 새로운 사회장애를 찾아내어 각자 능동적으로 공략 방법을 세우기 시작했습니다.

실제로 장애공략과라는 말에 따라 휠체어를 탄 채로 즐길 수 있는 '배리어 프리 폭포 수행',* 특수학교를 더욱 뜨겁게 만들려고 하는 '특수학교를 특별하게 재미있는 학교로'** 등 여러 프로젝트가 시작되었습니다. 회의 중에도 "어떡하면 공략할 수 있을까?"라는 등 '공략'이라는 단어가 몇 번씩 오가죠.

참고로 장애공략과는 '뜻 있는 사람들의 모임'이라는 그릇에만 머무르고 있지 않습니다. 이시카와현 나카노토정의 기획과와 힘을 합쳐 지방자치단체의 공식 팀인 '장애공략과 프로젝트'로 발족되기에 이르렀지요.

---

* 신체장애인용 주차장을 폭포 근처에 설치하고 폴리에스테르 매트를 폭포 바로 아래까지 깔아서 휠체어로 이동하기 쉽도록 했다. 나아가 '절대로 젖지 않는 수행복'도 발명하여 폭포 수행에 반감이 있던 사람이 부담 없이 즐길 수 있게 했다. 다음 주소 또는 QR코드를 통해 관련 영상을 볼 수 있다. https://vimeo.com/433889711
** 교사, 가족, 창작자 등이 모여 특수학교의 교육은 재미있고 창조적이라는 정보를 발신하면서 특수학교가 한층 더 즐거워지도록 프로젝트를 진행하고 있다. NHK와 협업해 새로운 스포츠를 만들고, 축제를 개최하는 등 다양한 활동을 하고 있다. 다음 주소 또는 QR코드를 통해 축제 영상을 볼 수 있다. https://vimeo.com/433892516

해시태그도
리더십이 있는 말이다

"그래도 말을 만들라니 너무 어렵다."

그렇지 않습니다! 이렇게 단언할 수 있다는 게 요즘 세상의 장점이죠.

학자나 카피라이터가 생각해낸 '제3의 장소'나 '착안점이 샤프하죠.' 같은 카피에만 리더십이 있지는 않습니다. SNS에서 매일 보는 '해시태그'야말로 전형적인 사례입니다.

누군가 생각해낸 해시태그라는 '소재'에 맞춰 차례차례 올라오는 140자의 작품. 혹은 그 소재에 따라 일어나는 행동. '#MeToo'와 '#BlackLivesMatter' 등이 커다란 파도를 일으켜 실제 사회에 영향을 미친 것이 기억 속에 선명합니다.

2020년 4월, 저도 한 해시태그를 세상에 던졌습니다. '#사회복지현장에도마스크를福祉現場にもマスクを'이었지요.

코로나 팬데믹 상황에서 심각한 마스크 부족을 겪는 사회복지 현장을 돕기 위해 프로젝트를 세웠습니다. 사회복지 현장에서는 여러 이유로 밀접 접촉을 피할 수 없습니다. 그 때문에 불안에 떨며 일할 수밖에 없죠. 하지만 사회복지 현장에서는 마스크가 부족함에도 목소리를 높이지 않았습니다. "의료 현장에도 부족하다니까."라면서요.

'#사회복지현장에마스크를'의 홍보 이미지. 하단에 쓰인 네 가지 해시태그는 왼쪽부터 '#사회복지붕괴를막고싶어' '#사회복지현장이보내는SOS' '#세가지소원' '#마스크가필요한사회복지현장의모든분들에게'다.

저는 이처럼 어려운 상황을 널리 알리기 위해서 '#사회복지현장에도마스크를'이라는 말을 세상에 던졌습니다.

2020년 4월 하순부터 시작한 이 프로젝트는 4개월 동안 1532명으로부터 22만 5775장의 마스크와 950만 4711엔의 기부금을 모았습니다. 그 결과 72만 4005장의 마스크를 1656곳의 현장에 보낼 수 있었죠.

이 프로젝트의 리더는 명백하게 사람이 아닌 해시태그였습니다. 단 한마디가 그토록 많은 사람을 움직인 것입니다.

마이너리티 디자인을 생각하는 것은 말을 고민하는 것. 어떤 프로젝트는 100년 동안 계속될지도 모릅니다. 사람이 아닌 말에 훗날을 맡긴다면, 파도는 계속 멎지 않을 것입니다.

한 명의 스타가 아니라
횃불을 든 모두

지금까지 광고의 세계에서는 무언가 상을 받아서 '스타 크리에이터'가 되는 것이 누구나 꿈꾸는 목표였습니다. 국내외에 여러 상이 있지요. 칸 국제광고제, 클리오 광고제, ACC 도쿄 크리에이티비티 어워드, TCC상….

저 역시 20대에는 그에 따라 여러 상에 응모했습니다. 선배들은 입을 모아 말했습니다. "아무튼 상을 따내. 그때부터 시작이야."

아마 광고업계 바깥도 사정은 비슷할 겁니다. 의료에는 의료의, 공학에는 공학의, 식품에는 식품의 '스타'가 있겠죠.

그런데 과연 스타가 나타나는 게 본질적인 해결로 이어질 수 있을까요? 그 사람이 떠나자마자 다시 원래대로 돌아가버린다면, 지속 가능한 방식이 아닐 것입니다.

저는 스스로 빛나는 별을 목표하기보다는 '횃불'을 내거는 게 좋다고 생각합니다.

'이런 미래를 향해 나아가지 않겠습니까?' 하는 '철학'으로 '플랫폼'이라는 횃불을 밝히고 그 횃불로 다른 사람의 마음에도 불을 붙이는 것입니다. 그렇게 불을 점점 주위와 나누면 이윽고 일대가 전부 환해집니다.

한 사람이 할 수 있는 일에는 한계가 있습니다. 아무리 스타가 되어도 그 빛이 영원히 계속될 수는 없지요.

그렇기 때문에 '생태계'를 만들기 위해서는 '리더십이 있는 말'이 필요합니다.

좋은 기획은 '현실'과 '미래'의 차이를 뚜렷이 밝힌다

2020년만큼 평형세계를 상상해본 해는 없었을 겁니다.

만약 신종 코로나 바이러스가 유행하지 않았다면. 만약 도쿄올림픽과 패럴림픽이 예정대로 열렸다면.

그렇지만 이 세계에는 대단하든 사소하든 항상 '선택한 미래'와 '선택하지 않은 미래'가 있습니다. 우리는 미래를 가르는 무수한 선택을 하면서 그 선택의 연장선 위에 지금 서 있는 것이죠.

목소리가 큰 사람이 무척 강한 말로 미래를 말하면, 그 미래만이 정답인 것처럼 여겨집니다. 요즘을 예로 들면 '인공지능 대두'라든가 '저출생 고령화'라든가. 그런 미래를 향해 달려갈 수밖에 없다는 생각이 듭니다.

그렇지만 이 세계는 그렇게 단순하지 않습니다. 내가, 당신이, 한 사람 한 사람이 무수한 선택을 한 결과 만들어진 것이 바로 지금의 세상입니다. 이 세계에 커다란 흐름만 있는 것은 아닙니다. 그 속에는 작은 흐름들이 수없이 중첩해 있습니다.

저는, 믿습니다.

좋은 말과 아이디어는 그것이 나온 순간, 현실과 목표하는 미래의 차이를 뚜렷이 보여줍니다. 무엇이 부족한지, 무엇을 해야 하는지가 보입니다. 사람이 나아가야 하는 길을 밝혀줍니다.

그렇기 때문에 창작자는, 아니, 일하는 모든 사람은, 그런 아이디어를, 창조성을, 더욱 소중히 여겨야 합니다. 자기 자신의 일하는 방식을 더욱 존중해야 합니다.

당신은 지금과 다른 방식으로 일할 수 있습니다.

당신의 경험과 재능을 지금보다 수만 배는 더 활용할 수 있는 곳이 있습니다.

당신은 영원한 성장기 속에 있습니다.

이 말을 전하고 싶어서 저는 이 책을 썼습니다.

마치며

Weak
is the
new strong

쓸모없다고 여겼던 시간이
10년 뒤에 빛을 발했다

'무엇을 위한 일일까?'

'나는 누구를 위한 사람일까?'

돌이켜보면 저는 20대 내내 '출구 없는 회전문'에 들어간 듯이 일을 했습니다. 일단 그 속에 들어가니 쉬지 않고 움직여야 했습니다. 나갈 수는 없었고요. 이상하다고 생각했지만, 앞에도 뒤에도 나와 마찬가지로 움직이는 사람들이 있었기 때문에 '원래 이런가.' 하고 사고를 정지시켰습니다.

미움받을 각오를 하고 회전문에서 뛰쳐나가 보니 그곳에는 드넓은 경치가 있었습니다. 아이가 태어난 뒤로는 그 낯선 곳을 쉬지 않고 달려야 했습니다. 앞으로 나아가면서 지금껏 만난 적 없는 사람들과 마주쳤습니다. 저의 경험과 기술을 그들에게 선물하니 무척 기뻐해주더군요.

그때 저는 처음으로 깨달았습니다.

나는 의미 없이 회전문에서 빙글빙글 돌았던 게 아니야. 반복학습 같던 일은 사실 소중한 것이었어. 선배들이 쌓아올린 창조의 문화를 흉내 내어 어떻게든 내 것으로 만들려고 발버둥 치던 날들은 쓸모없기는커녕 값진 시간이었어.

입사했던 게 스물두 살, 아이가 태어난 게 서른두 살. 즉, 10년 동안이나 회전문에서 빙빙 돌았지만, 그 시간은 예상치 못한 모습으로 결실을 맺었습니다. 다시 말해 그 시간은 창조의 '틀'을 습득하기 위해 필요했던 것입니다.

'수파리守破離'[*] 중에서 '수'의 단계였는지도 모르겠습니다. 그렇게 생각하면 음악과 만화를 광고에 접목했던 것은 '파', 광고에서 기른 힘을 스포츠와 사회복지에 응용한 것은 '리'였겠죠.

일을 하는 모든 사람들은 어떤 방식으로든 '수'의 단계, 즉 흉내 내는 단계에는 들어섭니다. 그다음 흉내 내던 것을 어떻게 자기 나름대로 바꾸고, 나아가 자기만의 일하는 방식을 만들어내느냐 하는 것이 중요합니다. 이 책이 그 단계에서 독자 여러분에게 도움이 된다면 다행이겠습니다.

[*] 불교에서 유래한 말로 지금은 일본의 검도와 다도 등에서 수행 단계를 설명할 때 주로 쓰인다. '수(守)'는 스승의 가르침을 그대로 따르는 것, '파(破)'는 그런 모범을 깨고 자신만의 시도를 해보는 것, '리(離)'는 기존의 이론 및 모범과 결별하고 자신만의 길을 여는 것을 가리킨다.

'SDGs'의 밖으로 나가 찾은
열여덟 번째 목표

한 이벤트에서 'SDGs'의 로고 디자인과 커뮤니케이션 시스템 구축에 관여한 디자이너 야코브 트롤베크 Jakob Trollbäck와 함께 단상에 설 기회가 있었습니다.

그 자리에서 직접 물어보았습니다. "SDGs는 너무 거시적이라 모든 나라에 해당할 수는 없지 않을까요?"

일본을 예로 들면, SDGs의 17대 목표 중 '깨끗한 물과 위생을 모든 사람에게' 같은 것은 이미 거의 이뤄져 있습니다. '토지 황폐화 중지' 같은 목표도 국토 면적 중 3분의 2를 삼림이 차지하고 있는 일본에는 좀처럼 와닿지 않죠.

그처럼 거시적인 것이 아니라 '어, 이건 나만 할 수 있겠는데.' 혹은 '내가 안 하면 누가 할까?'라는 생각을 불러일으키는 주제, 그런 '운명의 과제'는 'SDGs'의 바깥에 열여덟 번째 목표로 존재하지 않을까 생각했습니다.

제 질문에 야코브 씨는 다음처럼 답해주었습니다.

"전부 동의합니다. 기업은 소비자인 당신에게 '이게 새로운 패션이에요.'라며 자기 자신이 아닌 또 다른 존재가 되라고 압력을 가합니다. 거기에 떠밀리지 않으려면 자기 자신을 믿고 살아가야 합니다. 그러지 않으면 당신은 타인에게 돈을 주는 기계 같은 존재가 되어버릴 겁니다. 나답게 살려고 할 때 비로소 같은 사회의 타인에게 영향을 미칠 수 있다고 생각합니다."

맞는 말이었습니다. 당신은 당신인 채로 괜찮다. 아무리 기업이 '변해라.'라고 외쳐도, 괜찮다. 변해야 하는 쪽은 사회니까.

규모와 속도, 경제성을 중시하는 것만이 아니라 작고 느려도 확실하게 그 아이디어를 원하는 사람을 위해 일할 수 있습니다. 또 이미 제시되어 있는 안건 중에서 할 일을 고르는 게 아니라 하고 싶은 것 자체를 찾아서 내 손으로 만들어낼 수도 있죠.

'SDGs'도 필수 과제로 빠뜨려서는 안 됩니다. 하지만 설령 시간이 걸려도 '운명의 과제'를 찾는 것 역시 중요합니다.

일과 관련한 운명의 사람은 모두에게 반드시 있습니다.

면접관에게 던진
당돌한 질문

"10년 후, 이 회사는 남아 있을까요?"

신입사원 채용 면접 날, 마주 본 면접관에게서 "마지막으로 뭔가 질문 있습니까?"라는 말을 듣고 제가 던진 질문입니다. 어디서 구르다 온 개뼈다귀인지도 모를 대학생에게 그런 질문을 들은 면접관은 아마 당황했을 겁니다.

때는 2003년, 취업 빙하기가 완전히 끝나지 않아서 학생들이 수많은 회사에 "이 회사가 제1지망입니다."라고 단언하며 어떻게든 합격하기 위해 애쓰던 무렵이었습니다. '깊은 인상을 남기고 싶어.' 다른 구직자들과 마찬가지 처지이던 저는 살짝 카운터펀치를 날리는 셈으로 그런 질문을 했습니다.

제 질문에 면접관은 "그때면 망했을걸. 그래도 들어오고 싶나?"라며 빙긋 웃으며 반문했습니다. 한 방 먹었는데.

당시 면접관은 아직도 저를 만나면 "그때 사와다는 말에 가시가 있는 사람이었어."라며 웃습니다. 그럼 저는 그 말을 그대로 돌려줍니다.

'최고야!' 입 밖에 내지는 않았지만 그날 제 마음은 두근거렸습니다. 이런 회사에서 일하면 최고로 즐거울 것 같았죠.

이제 와서 생각해보면 분별이라고는 없는 질문이라 정신이 아찔합니다. 하지만 다행히도 저는 그 광고회사에 입사할 수 있었습니다.

그 덕에 지금의 제가 있습니다.

마지막으로 저를 키워준 광고업계에 대한 생각을 조금만 써 보겠습니다.

제가 하는 활동을 두고 종종 '특징적'이고 '독창적'이라는 말을 듣는데, 그렇지 않습니다. 좋든 나쁘든 '광고회사에서 쌓은 경험을 활용하고 있다.'라는 게 정확합니다.

광고업계에서도 독특한 활동을 하는 덕분인지 최근 들어 사내에서 강연을 해줬으면 한다는 요청이 늘어났습니다. 때로는 관리직에게, 때로는 신입사원을 대상으로.

저는 그런 자리에서 광고를 만들던 기존의 일과 거리를 두고 나서야 비로소 알 수 있었던 '광고회사의 강점'을 이야기합니다. 활약할 무대를 옮긴 뒤로 제 눈에 새로운 경치가 놀라울 만큼 선명히 보였기 때문입니다.

아웃사이더인 것, 콘셉트를 만드는 것, 별자리를 찾는 것

광고회사의 강점은 세 가지가 있습니다.

첫 번째는 '아웃사이더(외부인)인 것'입니다.

광고회사는 직접 제품과 서비스를 만들어내지 않기 때문에, 그리고 수많은 기업, 지방자치단체, 언론과 관계를 맺기 때문에 매우 수평적으로 세계를 바라볼 수 있습니다. 냉정할 수 있습니다. 그렇기 때문에 당사자가 '대수롭지 않은 일'이라고 여기던 것을 '그것에야말로 가치가 있습니다.'라고 지적할 수 있습니다.

비즈니스 사회에서 이토록 좋은 의미로 '무책임'한 위치에 있으면서 동시에 규모도 큰 존재는 광고회사 외에 없습니다. 무척 귀하기 때문에 저는 "이런 존재가 없으면 사회가 잘 돌아가지 않을 겁니다."라고 합니다.

광고회사의 두 번째 강점은 '콘셉트를 만드는 기술'입니다. 광고의 세계에는 어떤 상황에서든 콘셉트를 만들어내는 뛰어난 사람이 많습니다.

광고회사의 일이란 '상품과 서비스를 전체적으로 내려다보며 그 매력을 제일 처음 발견하고 새로운 아이디어와 계획을 세우는 것'입니다. 그 과정에서 기획이 길을 잃지 않게끔 전체를 꿰뚫는 한마디 말을 만들어냅니다.

기업의 과거를 정리하고, 현재 위치를 확인한 다음, 미래로 나아가려면 의지할 만한 콘셉트가 반드시 있어야 합니다. 그 콘셉트에 흡인력이 없다면 광고처럼 많은 사람들이 관여하는 프로젝트는 공중분해가 되어버립니다.

세 번째 강점은 '별자리를 찾아내는 능력'입니다. 무슨 말인가 싶겠지만, 쉽게 말하면 여기저기 흩어진 정보(별)를 대담한 발상으로 연결하고 '○○자리' 같은 이름을 붙여서 새로운 가치를 만들어내는 능력입니다. 저는 이것이야말로 광고회사의 저력이라고 생각합니다.

마치 무수한 별들 중에서 별자리를 발견한 고대 사람들처럼, 여러 시점과 각도에서 대부분 사람들이 매력을 눈치채지 못하고 흘려보내는 별들을 찾아내 연결합니다.

나아가 그 별들에 이름을 붙이고 '이런 점이 대단하죠.' '그러니까 이런 걸 해보지 않겠어요?'라고 알기 쉽게 이 세상에 제안합니다. 광고회사는 그렇게 아무도 생각하지 못한 가치를 만들어냅니다.

사회복지와 스포츠의 일을 하면서 저는 세 가지 강점을 최대한 활용했습니다. 유루스포츠를 예로 들어볼까요.

1. 장애 당사자와 스포츠가 본래 지닌 매력을 공평하게 객관적으로 뽑아낸다.
2. '운동 약자를 이 세상에서 없애겠다.'라는 콘셉트를 활동의 중심에 둔다.
3. 애벌레, 얼굴 인식 기술, 운동 약자 등 여기저기 흩어진 별들을 하나의 선으로 힘껏 연결해서 '유루스포츠'라는 별자리를 만든다.

광고를 만드는 일에서 멀어진 지금, '광고적인' 일을 하면서 이것이야말로 내 천직이라고 느끼고 있습니다.

본업에서 기른 '강점'이 있었기 때문에 '약점'을 출발점 삼아 마이너리티 디자인을 할 수 있었습니다. '광고의 힘'이 저의 바탕에 있다는 사실을 다시금 확인했습니다. 그 때문에 저는 회사 밖에서 하는 활동이 많아진 지금도 광고회사를 그만두지 않고 있습니다.

세간에서는 광고회사를 '수수께끼 조직'이라 여기곤 합니다. 옆에서 보면 무엇을 하는지 알 수 없는 회사. 어떤 의미로는 정말 맞는 말입니다. 광고회사는 다양한 사람들이 자라나는 생태계나 마찬가지니까요.

저처럼 카피라이터면서 거의 광고를 만들지 않는 사람도 있습니다. 영화감독에 각본가에 작가가 있는가 하면, 예술 활동을 하는 사람도 있죠. 로봇을 만드는 사람도 있고, 카페를 운영하는 사람도 있습니다.

그곳은 마치 다양한 식물이 이웃하고 있는 잡목림 같기도 하고, 세상에 한 권뿐인 책들만 모여 있는 도서관 같기도 합니다. 그런 사람들이 '같은 회사에서 일을 하고', '항상 팀을 이루고 있습니다'.

광고회사를 둘러싼 상황은 점점 냉엄해지고 있습니다. 광고회사 자체의 존재 의의에 의문이 제기되는 것은 물론, 광고업계의 구조와 일하는 방식에 대한 비판도 나오고 있습니다. 개선할 점은 개선해야 하지만, 저는 그래도 광고회사가 맡아야 하는 역할이 있다고 생각합니다.

사회는 아직 미완성인 상태, 아장아장 걷는 병아리와 같습니다. 바르셀로나의 사그라다 파밀리아 대성당처럼 언제 완성될지는 알 수 없습니다.

그런 세상에서 광고회사는 트럼프의 '조커' 같은 존재라고 저는 생각합니다.

도둑잡기 같은 게임에서 조커는 기피 대상입니다. 하지만 말 그대로 '비장의 수'가 되어 형세를 단번에 역전시킬 힘도 조커에는 있습니다.

주마등에 포함될 만한
일을 하고 싶다

이야기를 되돌리겠습니다.

인생의 클라이맥스에 찾아드는 '주마등'. 저는 바로 그 순간이 개개인에게 맞춘 궁극의 미디어라고 생각합니다.

물론 저는 경험하지 않았기 때문에 문헌에 기초해 상상할 수밖에 없지만, 주마등이 스치는 얼마 안 되는 시간 동안 열 개에서 스무 개에 달하는 상징적 '장면'이 보인다고 합니다. 즉, 100년 가까운 인생에서 추리고 추린 스무 장면인 것입니다.

저는 자주 제 인생의 장면에서 '베스트 20'을 골라보고 머릿속으로 가상 주마등을 재생하며 노는데, 몇 년 전과 비교해 좋아하는 장면이 늘어났습니다.

아들이 퇴원한 뒤 대수롭지 않게 행복을 맛본 산책. 여행지의 호텔 테라스에서 아내, 아들과 함께 바라본 겨울의 불꽃놀이. 아무래도 가족이 함께한 장면이 많지만, 일과 관련한 장면도 있습니다. 처음으로 '유루스포츠 랜드'를 개최한 날 참가자들이 웃으면서 즐기던 모습. 휠체어 이용자인 친구가 크게 활약했던 애벌레 럭비 시합.

골똘히 생각해보니 제가 일을 하며 만들고 싶었던 것은 '좋은 기억'이었습니다.

저에게 평생 남을 기억을 만들고 싶은 것은 물론이고, 가능하면 함께 일하는 사람에게도 좋은 기억이 되길 바랍니다. 수십 년 뒤에 "그때 참 좋은 일을 했어."라고 동료들과 함께 추억해도, 각자의 주마등에 흘러도 좋겠습니다. 그렇게 되길 바라고 있습니다.

한 사람 한 사람이 자신의 인생을 돌이켜보고 '아, 행복했어.' '할 수 있는 건 제대로 했어.' '좋은 동료들과 만났어.'라고 생각할 수 있는 '좋은 기억'. 그런 기억의 총량을 늘리려다 보니 마이너리티 디자인이라는 방식에 다다랐습니다.

당신은 이미 무언가를
만들어내고 있다

'당신이 태어나지 않았다면, 세상에 태어나지 않았을 것이 있다.'

2009년, 어뮤즈먼트미디어종합학원이라는 전문학교를 위해 쓴 카피입니다. 그 전문학교에는 성우, 게임 제작자, 만화가, 각본가를 꿈꾸는 학생들이 다니는데, 10년이 훌쩍 지난 지금도 제가 쓴 카피를 사용하고 있습니다.

이 카피에 제가 담고 싶었던 메시지는 '모든 사람은 창작자다.'라는 것이었습니다. 갓 태어난 아기도, 초등학생도, 전업주부도, 어떤 직업이든, 모두 창작자입니다.

만약 당신이 창작자로서 지금까지 만들어낸 것에 자신이 없다고 해도. 아니면 창작자가 아니라서 아무것도 만들어내지 못했다고 생각해도. 당신은 '타인을 향한 영향'을 낳고 있습니다. '모든 사람에게는 이 사회에 미치는 영향력이 있다.'라고도 할 수 있겠죠.

그렇기 때문에 당신이 만들어내는 그 영향력이 소중한 사람, 그리고 소중한 자신을 위한 것이길 바랍니다.

'보물 같은 민폐'를
내게 주어서 고마워

저에게는 한 가지 바람이 있습니다. '내가 없었던 세계와 있었던 세계가 서로 다르기를.'

많은 사람들에게 같은 바람이 있을지도 모르겠습니다. 사실 우리는 알고 있습니다. 우리가 태어나기 전부터 이 세계는 존재했다는 것을. 그리고 우리가 이 세계에서 사라져도 아무 일 없다는 듯이 세계는 계속 존재할 것이라고.

알고 있지만 저는 아무래도 욕심을 부립니다. 제가 사라지기 전에 조금이라도 사회를 지금보다 좋은 곳으로 바꾸고 싶습니다. 그것은 역시 아이가 있기 때문입니다.

아쉽지만 오늘날의 일본 사회에서 시각장애인을 둘러싼 환경은 '좋다'고 할 수 없습니다.

전철 플랫폼에 스크린 도어가 없어서 선로로 떨어져 사망하는 사고가 끊이지 않고 있습니다. 학교를 졸업한 후 자리 잡을 만한 공동체와 직장 역시 풍부하지는 않습니다. 또한 일을 해도 시각장애가 있는 노동자 중 47퍼센트가 월수입이 10만 엔 이하라고 합니다.

그래서 제가 사라지기 전에 이 사회를 지금보다 좋은 곳으로 바꾸고 싶습니다.

그렇지만 저에게는 한계가 있습니다. 그래서 수많은 동료에게 기대고 있습니다. 이 책을 읽어준 여러분의 힘을 빌리게 될지도 모릅니다.

왕년의 프로복서이자 코미디언인 고하치로 씨가 남긴 말이 있습니다.

"폐를 끼쳐주어서 고마워."

오랫동안 불가사의한 말이라고 생각했습니다. 하지만 아이가 태어나고 장애가 있는 친구들과 시간을 보내다 보니 이 말이 부드럽고 조용히 마음속에 울려 퍼졌습니다.

장애가 있으면 어려운 일이 이래저래 많습니다. 보기에 따라서는 제 아이가 부모인 저에게 폐를 끼치는 것이라고 할 수도 있겠습니다. 장애가 있는 친구가 저에게 고민을 이야기하거나 "도와줘."라고 말하는 것도 폐를 끼치는 것일지 모르겠습니다.

그렇지만 그 덕분에 저는 진심을 다할 수 있었습니다. 일에 몰두하여 주마등을 갱신할 수 있었습니다. 저에게 그들이 끼친 것은 보물 같은 민폐였습니다.

민폐, 혹은 약점은 주위 사람들의 진심과 강점을 이끌어내는 소중한 것입니다.

그렇기 때문에 서로 폐를 끼치면서 '고마워.'라고 주고받는 관계를 맺을 수 있다면, 그보다 행복할 수 없을 것입니다.

모든 약점은, 이 사회의 가능성.

저는 앞으로도 소중한 사람이 저에게 폐를 끼치기를 원합니다. 저도 '아이가 살기 좋은 사회를 함께 만들지 않겠어?'라며 누군가에게 폐를 끼칠지 모릅니다.

서로서로 도우며, 각자 기른 능력을 교환한다.

'일하다'라는 말은 바로 그런 걸 뜻하지 않을까.

저는 그렇게 생각합니다.

사와다 도모히로

'마이너리티 디자인'의 동료들 ─────────────────

[절단 비너스 쇼]
우스이 후미오, 오치 다카오, 가와모토 요시에, 모든 절단 비너스들, 스가이 하쓰키, 가도쿠라 다카코, tokone의 모든 분들

[041 FASHION]
구리노 히로후미, 아사가와 세이코, 이나자와 히나코, 오카니시 미치요, 구오데 나오코, 고야마 마사토, 사토 다이스케, 사쿠라기 겐이치, 스기누마 유지, 다케다 사나에, 나메카와 게이코, 노요리 다이스케, 후카쓰 지에, 후이 다쿠로, 마쓰무라 아야, 와카마쓰 고카, 다마이 나오, 나가마치 하루카, 요시다 아쓰시, 아사이 고지, 사토 다이고, 핫토리 가즈타카, 노무라 사에코, 세키네 아야카, 가토 마코

[NIN_NIN]
요시후지 오리, 이토켄, 오타키 아쓰시, 다카하시 고스케, 가토 겐토, 스가이 하쓰키, 이시가미 마사토, 오키나 다쿠시, 요시다 아키오

[유루스포츠]
하기와라 다쿠야, 미도리카와 구미코, 오사카 다케노리, 아마다 나오코, 다카다 마오, 미시나 요코, 미시마 아사미, 다키자와 유키, 아즈마 슌스케, 야토코로 가즈미, 오타키 아쓰시, 다케야 고키, 사이토 안나, 호리타 고다이, 오쿠보 사토미, 나구모 마사토, 야마모토 겐이치로, 가쿠 히로유키, 비욘드 걸스

[장애공략과]
우에하라 다이스케, 오쓰카 군페이, 가토 사쿠라, 사카이 사유리, 후지사키 가쓰야, 요코타 아야코, 라일라 카심, 히구치 유지

[고치가 / 지팝]
오가사와라 게이지, 요시노 후미카즈, 요코야마 히사시, 고치현청의 모든 분들, 야스다 마사히코, 오세라 료, 다카하시 유, 후지사키 가쓰야, 마쓰모토 겐스케, 이카다 마스히코, 야마베 슌헤이, 기타 요타, 센다 가오루, 다이요 기획의 모든 분들, 애드브레인의 모든 분들, 아마나의 모든 분들, 고치가의 가족 분들

감사의 말

이 책을 기획하고 편집해준 라이츠샤ライツ社의 오쓰카 게이시로 씨와는 벌써 10년 넘게 알고 지냈습니다. 실은 앞서 로열호스트를 예로 들었던 '좋아하는 회사에 내가 먼저 연락해서 제안했던 시기'에 당시 오쓰카 씨가 다니던 출판사에도 메일을 보냈습니다. "여러분이 만드시는 책을 정말 좋아합니다. 무언가 협력할 일이 있다면 언제든 연락 주십시오." 제 메일에 답장은 준 사람이 오쓰카 씨였습니다. 발버둥을 치던 그 시기 덕분에 이 책을 출판한다는 미래에 도달할 수 있었습니다. 그 사실이 무척 기쁩니다. 오쓰카 씨, 소중한 책을 함께 만들어주어서 정말 고맙습니다. 방대한 정보량에 기초해 구성을 정리해준 오야 사치요 씨에게도 감사드립니다. 또한 평소에 함께 일하고 있는 세계유루스포츠협회, 절단 비너스 쇼, 팀 NIN_NIN, 팀 041, 장애공략과의 모든 분들에게도 고맙다는 말을 전합니다. 일을 하는 게 이토록 즐겁다는 사실을 여러분과 만나기 전에는 몰랐습니다.

마지막으로 인생의 희로애락을 모두 함께해준 아내, 그리고 아들에게도 감사합니다. 가족이 저를, 저로 만들어주었습니다. 함께 행복합시다.

"고정된 기준에 사람이 따라가는 것이 아니라 사람에 맞춰 기준이 유연하게 바뀐다."

이 책의 저자 사와다 도모히로는 일본의 온라인 미디어 라이풀LIFULL과 했던 인터뷰에서 유루스포츠를 설명하며 이런 말을 했다. 저자의 말을 빌리면 나는 학창 시절 체육에서 요구하는 기준을 한 번도 넘어선 적이 없다. (나는 전교에서 손꼽히는 운동 약자였다.)

스포츠만이 아니다. 우리 사회에는 고정된 기준이 수없이 존재한다. 음악에도 미술에도, 심지어는 그저 길거리를 다니고 대중교통을 이용하는 데도 누군가는 결코 넘지 못할 기준이 존재한다. 그 기준은 때로 벽이 되어서 벽 바깥의 사람을 배제하기도 하고, 벽 안에 있는 사람들의 시야를 가려서 바깥을 볼 수 없게 만들기도 한다.

사와다 도모히로는 이 사회에 존재하는 '새로운 무언가'를 발견하는 능력을 '사회적social 시력'이라고 부른다. 그에 따르면 '사회적 시력'은 이른바 약점을 지닌 소수자가 압도적으로 뛰어나다.

예를 들어 이 책에서 언급하는 타이프라이터, 라이터, 구부러지는 빨대는 장애를 지닌 소수자가 '사회적 시력'으로 펜과 부싯돌과 꼿꼿한 빨대의 개선점을 발견했기에 만들어질 수 있었던 것들이다. 마찬가지로 저자가 했던 수많은 프로젝트들 역시 누군가의 사회적 시력을 빌렸기에 시작될 수 있었다.

그 때문에 저자는 온라인 매체 「신 R25」와 했던 인터뷰에서 자신의 일은 "결코 '장애인 구제'가 아니"라고 강조한다. 예컨대 유루스포츠는 장애인들이 할 수 있는 스포츠를 '만들어준' 것이 아니며, 운동 약자들이 사회적 시력을 활용할 무대를 '마련해준' 것도 아니다. 그렇게 무언가를 '주었다'는 생각이야말로 소수자를 위에서 내려다본 다수파의 시선이기 때문이다.

저자는 자신이 한 일을 "사회적 시력이라는 뛰어난 능력을 지닌 비즈니스 파트너들에게서 힘을 빌렸을 뿐"이라고 말한다.

"'약점을 포용한 것'이 아닙니다. '약점'이 지닌 강력한 힘을 인지한 것이죠."

사와다 도모히로가 「신 R25」와 한 인터뷰에서 남긴 말은 소수자를 바라보는 관점에 근본적인 전환을 일으킬 수 있다. 장애인이든, 만성질환자든, LGBTQ든, 이주민이든, 난민이든, 그들은 "이 사회의 구성원으로 한 명 한 명 동등한 위치에서 힘을 나눌 수 있는 사람"들인 것이다. 그리고 소수자의 사회적 시력을 빌려 이 사회의 빈 구멍을 찾아내고 메우는 것은 타이프라이터 같은 사례처럼 결국 사회 구성원 전체에게도 긍정적인 영향을 미칠 수 있다.

그런 관점에서 보면 '마이너리티 디자인'의 결과물들은 장애인, 노약자 등을 돕고 구하기 위한 것이 아님을 알 수 있다.

'유루스포츠'는 운동 약자의 능력을 빌려 '운동을 즐길 수 없는 사람들'이라는 새로운 시장을 개척하는 사업이다. (실제로 유루스포츠 체험자의 절반 정도는 평소에 운동을 거의 하지 않는 사람들이고, 그중 99퍼센트가 유루스포츠를 체험한 뒤 설문 조사에서 '매우 재미있었다.'라고 답한다.) 그리고 '고치가'는 소수의 대도시에 밀려 쇠락하는 다수의 소도시들에 새로운 돌파구를 마련해주며, '041 FASHION'은 더 이상 혁신이 없을 듯하던 패션업계에 미처 몰랐던 미개척지를 보여준다.

이 책에서 소개하지는 않지만, 저자는 '유루뮤직'이라는 프로젝트를 진행하고 있으며 '세계유루뮤직협회'의 대표이사도 맡고 있다. '유루뮤직'은 음악 약자를 없애기 위해 소니, NEC

같은 기업과 협업해 누구나 연주할 수 있는 PC 키보드형 악기 등을 개발하고 있다. (수차례 피아노에 도전했으나 실패한 음악 약자로서 솔깃할 수밖에 없다.) 유루뮤직 역시 출발선은 음악 약자지만 결국 모든 사람을 대상으로 이뤄지는 것이다.

지금껏 우리 사회는 더 강해지길, 더 능숙해지길, 약점을 극복하길 끊임없이 강조해왔다. 그러지 못하는 사람들은 극단적일 경우 이 사회에서 제자리를 찾지 못했다. (또는 사회에 의해 눈에 띄지 않는 구석으로 내몰렸다.) 하지만 냉정히 생각해보자. 애초에 모든 사람이 강해지고 능숙해지고 약점을 극복하는 것은 불가능하다. 이제 우리가 잘못된 전제로 사회를 운영하지 않았는지 돌아볼 때가 아닐까.

'모든 사람은 자기만의 약점을 지닌 소수자다. 모든 약점은 이 사회의 가능성이다.' 이런 전제가 널리 공유될 때, 이 사회는 좀더 숨 쉬기 편한 '느슨'한 곳이 될 것이다. 수많은 약점을 숨기고 외면하느라 지친 나는 진정 그런 사회를 꿈꾼다.

2022년 5월

김영현

마이너리티 디자인

초판 1쇄 발행 2022년 5월 19일
초판 6쇄 발행 2023년 6월 19일

지은이 사와다 도모히로
옮긴이 김영현
펴낸이 김효근
책임편집 김남희
펴낸곳 다다서재
등록 제2019-000075호(2019년 4월 29일)
전화 031-923-7414
팩스 031-919-7414
메일 book@dadalibro.com
인스타그램 @dada_libro

한국어판 ⓒ 다다서재 2022
ISBN 979-11-91716-11-5 03330